战略性新兴产业科普丛书（第二辑）

车联网

万物互联时代下的智能通行

刘湘生　戚　湧　主　编

江苏省科学技术协会
江苏省互联网协会　**组织编写**
南　京　理　工　大　学

U0367624

南京大学出版社

图书在版编目（CIP）数据

车联网:万物互联时代下的智能通行 / 刘湘生 , 戚
湧主编 . -- 南京 : 南京大学出版社 , 2022.11
（战略性新兴产业科普丛书 . 第二辑）
ISBN 978-7-305-26003-2

Ⅰ . ①车… Ⅱ . ①刘… ②戚… Ⅲ . ①汽车 – 物联网
– 普及读物 Ⅳ . ① U469–39

中国版本图书馆 CIP 数据核字（2022）第 135847 号

出版发行　南京大学出版社
社　　　址　南京市汉口路 22 号　　　　　　　　邮　编　210093
出 版 人　金鑫荣

丛 书 名　**战略性新兴产业科普丛书（第二辑）**
书　　　名　**车联网 : 万物互联时代下的智能通行**
主　　　编　刘湘生　戚　湧
策划编辑　苗庆松
责任编辑　甄海龙　　　　编辑热线　025-83592655

照　　　排　南京新华丰制版有限公司
印　　　刷　南京凯德印刷有限公司
开　　　本　718mm×1000mm　1/16　印张　11.75　　字数　210　千
版　　　次　2022 年 11 月第 1 版　2022 年 11 月第 1 次印刷
ISBN 978-7-305-26003-2
定　　　价　59.80 元

网址 : http://www.njupco.com
官方微博 : http://weibo.com/njupco
微信服务号 : NJUyuexue
销售咨询热线 :（025）83594756

本书编委会

指导委员会

主　任： 许继金

副主任： 陈夏初　王　鹏　耿力扬　刘　宝

委　员： 刘湘生　戚　湧　任　刚　张东风　赵海涛　赵学龙
　　　　　　周　俊　李正豪　王梦原

编写委员会

顾　问： 叶美兰　袁瑞青

主　编： 刘湘生　戚　湧

副主编： 任　刚　张东风　赵海涛　赵学龙　周　俊　李正豪

编写人员

郑长江　李　锐　马健霄　肖广兵　曹　奇　季昊宇　桂　冠
倪艺洋　刘洺君　孙扬威　贲　伟　丁维昊　杨中岳　李　楠
陈大鹏　常　琳　刁含楼　万　剑　王　昊　谢　豪　刘志杰
何家伟　张　坤　程　晨　王兆林　王梦原　葛九丽　景莉桦
尹　珺

参编单位

江苏省互联网协会、南京理工大学、东南大学、河海大学、南京林业大学、南京邮电大学、中国联合网络通信有限公司江苏省分公司、南京莱斯网信技术研究院有限公司、江苏省高速公路联网营运管理中心、无锡物联网创新中心有限公司、江苏互联网创新联盟、华设设计集团股份有限公司、斯润天朗（无锡）科技有限公司、江苏天安智联科技股份有限公司

总 序

　　当今世界正经历百年未有之大变局，新一轮科技革命和产业变革深入发展，我国发展环境面临深刻复杂变化。2021年3月颁布的我国《国民经济和社会发展第十四个五年规划和2035年远景目标纲要》将"坚持创新驱动发展 全面塑造发展新优势"摆在各项规划任务篇目的首位，强调指出：坚持创新在我国现代化建设全局中的核心地位，把科技自立自强作为国家发展的战略支撑，并对"发展壮大战略性新兴产业"进行专章部署。

　　战略性新兴产业是引领国家未来发展的重要力量，是主要经济体国际竞争的焦点。习近平总书记在参加2020年全国政协经济界委员联组讨论时强调，要加快推进数字经济、智能制造、生命健康、新材料等战略性新兴产业，形成更多新的增长点、增长极。江苏在"十四五"规划纲要中明确提出"大力发展战略性新兴产业""到2025年，战略性新兴产业产值占规上工业比重超过42%"。

　　为此，江苏省科协牵头组织相关省级学会（协会）及有关专家学者，围绕战略性新兴产业发展规划和现阶段发展情况，在2019年编撰的《战略性新兴产业科普丛书》基础上，继续编撰《战略性新兴产业科普丛书（第二辑）》，全方位阐述产业最新发展动态，助力提高全民科学素养，以期推动建立起宏大的高素质创新大军，促进科技成果快速转化。

　　丛书集科学性、知识性、趣味性于一体，力求以原创的内容、新颖的视角、活泼的形式，与广大读者分享战略性新兴产业科技知识，探讨战略性新兴产业创新成果和发展前景，为助力我省公民科学素质提升和服务创新驱动发展发挥科普的基础先导作用。

　　"知之愈明，则行之愈笃。"科技是国家强盛之基，创新是民族进步之魂，希望这套丛书能加深广大公众对战略性新兴产业及相关科技知识的了解，传播科学思想，倡导科学方法，培育浓厚的科学文化氛围，推动战略性新兴产业持续健康发展。更希望这套丛书能启迪广大科技工作者贯彻落实新发展理念，在"争当表率、争做示范、走在前列"的重大使命中找准舞台、找到平台，以科技赋能产业为己任、以开展科学普及为己任、以服务党委政府科学决策为己任，大力弘扬科学家精神，在科技自立自强的征途上大显身手、建功立业，在科技报国、科技强国的实践中书写精彩人生。

中国科学院院士、江苏省科学技术协会主席

2021 年 3 月 16 日

序

车联网是新一代网络通信技术与汽车、电子、道路交通运输等领域深度融合的新兴产业形态，是先进制造业和现代服务业融合发展的新业态。通过让汽车搭载先进的车载传感器、控制器、执行器等装置，实现在车、路、人、云、端等多方间智能信息的交换共享，提升汽车智能化水平和自动驾驶能力，进而推动自动驾驶应用的规划与普及，实现"安全、高效、舒适、节能"行驶。

2021年7月，工业和信息化部联合十部门发布《5G应用"扬帆"行动计划（2021-2023年）》强调5G与车联网融合的重要性，指出二者的协同发展能够最大程度上促进交通运输、汽车、通信等行业的智能化和数字化发展。《计划》提出要加强政府、行业组织和企业间的联系，加快探索商业模式和应用场景，提炼可规模化推广、具备商业化闭环的典型应用场景。

近年来，随着信息通信、人工智能和大数据等技术在汽车、道路交通等领域应用的不断深入，车联网的功能持续提升，应用场景深化拓展，车联网的内涵与外延也从以传统汽车为中心的应用服务加速向以效率、管理、安全和应用为重点的车联网V2X服务延伸，汽车网联化与智能化协同发展，推动汽车产业不断创新，围绕"安全"和"畅通"两大交管永恒主题加速向智慧交通演进。

积极推进车联网产业化进程，是传统汽车产业与新一代数字技术的深度融合。无线通信技术从2G到5G的演进，促使以汽车业务为核心的信息交换速度大幅提升，人工智能及先进算法推动汽车迈向更高的智能驾驶层级，区块链和云计算为车联网数据安全建立保障机制，大数据与边缘计算构建深度融合、实时动态的车联网数据服务体系。以数字化技术创新为驱动，促进新一代信息技术与汽车产业的融合，为车联网产业发展注入新动能，推动传统汽车产业"数字化、智能化、网联化"迭代升级，赋能智能驾驶和智慧交通的应用，在通信、交通、汽车、自动驾驶平台等数据流融汇互通之下，车联网能够真正实现车与各类终端信息载体的全方位网络连接，进一步加速中国数字交通使命愿景的实现。

积极推进车联网产业化进程，是传统汽车产业与数字城市治理的融合共促。在数字经济发展的新阶段，城市数字化转型已不再是城市发展的"可选项"，而是"必选项"。交通数字化作为城市数字化的重要组成部分，推动交通数字化转型是实现城市治理体系和出行服务能力的必然要求，而车联网体现的汽车与道路运输等领域融合交互是交通数字化建设的主要内容。车联网为交通数字化提供基础技术支撑，单车智能和车路协同加速融合，不仅服务于辅助驾驶、高等级自动驾驶等智能网联汽车应用，还能够有效服务于城市交通管理、城市数字化治理等系统性业务，帮助城市构建以数据驱动的治理新模式，实现城市治理从数字化到智能化升级，更好地服务城市居民。

积极推进车联网产业化进程，是传统汽车产业跨越式发展的历史性机遇。随着社会的快速发展，人们对高质量交通服务的追求更加明显，对车联网应用以及智能交通系统的运行与管控提出更高要求，也为车联网及智能交通的发展提供了新的机遇。未来，随着 5G 与 V2X 技术的成熟应用，车联网产业将打开新的成长空间，车辆将能够在无需任何驾驶员的情况下运送乘客和货物，通过使用摄像头、毫米波雷达和激光，汽车可以比人类更快、更可靠地处理和分析信息，充分利用道路实现车辆编队运输，使车辆运行效率进一步提高，交通安全保障进一步增强，并将科技进步带来的美好生活落到社会每一处，惠及更广泛的群体。

叶美兰

2022 年 5 月

前　言

车联网在国外起步较早。在 20 世纪 60 年代，日本就开始研究车间通信。2000 年左右，欧洲和美国也相继启动多个车联网项目。2007 年，欧洲 6 家汽车制造商成立了 Car2Car 通信联盟，积极推动建立开放的欧洲通信系统标准，实现不同厂家汽车之间的相互沟通。2009 年，日本的 VICS 车机装载率已达到 90%。而在 2010 年，美国交通部发布了《智能交通战略研究计划》，内容包括美国车辆网络技术发展的详细规划和部署。

与国外车联网产业发展相比，我国的车联网技术直至 2009 年才刚刚起步，最初只能实现基本的导航、救援等功能。随着通信技术的发展，2013 年国内汽车网络技术已经能够实现简单的实时通信，如实时导航和实时监控。在 2014-2015 年，3G 和 LTE 技术开始应用于车载通信系统以进行远程控制。2016 年 9 月，华为、奥迪、宝马和奔驰等公司合作推出 5G 汽车联盟，并与汽车经销商和科研机构共同开展了一系列汽车网络应用场景的研究。2017 年底，国家颁布了多项方案，将发展车联网提到了国家创新战略层面。在 2021 中国互联网大会上发布的《中国互联网发展报告（2021）》指出，中国车联网标准体系建设基本完备，车联网成为汽车工业产业升级的创新驱动力。

车联网的概念源于物联网，即车辆物联网，是以行驶中的车辆为信息感知对象，借助新一代信息通信技术，实现车与车、车与人、车与路、车与云平台等之间的网络连接，提升车辆整体的智能驾驶水平，为用户提供安全、舒适、智能、高效的驾驶感受与交通服务，同时提高交通运行效率，提升社会交通服务的智能化水平。从字面上来看，车联网就是车辆与车辆之间或是车辆与基础设施之间的信息通信网。从深层次来看，车联网是利用传感技术感知车辆的状态信息，并借助无线通信网络与现代智能信息处理技术实现交通的智能化管理，以及交通信息服务的智能决策和车辆的智能化控制。可以发现，车联网表现出以下几点特征：车联网能够为车与车之间的间距提供保障，降低车辆发生碰撞事故的概率；车联网可以帮助车主实时导航，并通过与其他车辆和网络系统的通信，提高交通运行的效率。在本书中，我们主要研究什么是车联网、车联网的关键技术、车联网的应用、车联网的技术融合、车联网的发展保障以及车联网的未来。

车联网是一个复杂并且庞大的内容，本书着重于对车联网相关内容的简述，以便让读者快速对车联网及其相关内容有个清晰的认知。

第1章什么是车联网。首先介绍车联网的定义和车联网的基本组成，随后介绍车联网的体系架构，并根据车联网的起源，立足当下，对车联网的发展现状进行分析。

第2章车联网的技术要点。围绕车联网的关键技术进行展开，首先，按照车联网架构层次由高到低分别是应用层、网络层和感知层，对每一层中的关键技术分别进行了介绍。随后讲述车联网中的网络安全技术，针对车联网的安全问题提出保障策略。

第3章车联网的应用。围绕智能化交通管理、自动驾驶、汽车数字身份以及车载社交网络等车联网主要应用场景展开描述。

第4章车联网的融合共生。主要介绍车联网和当今热门技术的融合，包括车联网与5G技术、车联网与云计算技术、车联网与区块链技术、车联网与人工智能技术、车联网与大数据技术、车联网与其他技术的融合。随后阐述车联网与智能交通系统以及车联网与车载信息服务网络的关系。

第5章车联网的发展保障。针对车联网的机遇与挑战，相应提出车联网治理的必要性和维度，同时通过相关的引导政策、知识产权和相关标准为车联网的发展保驾护航。

第6章车联网的未来。针对车联网的现状，指出车联网未来的技术发展方向、应用前景以及产业发展趋势。

戚湧

2022 年 5 月

目 录

第一章 什么是车联网

本章主要包含四个方面的内容：第一部分从车联网的定义入手，描述了何为车联网；第二部分围绕车联网的基本组成，从"端""管""云"三个方面对车联网进行系统分析，以及阐述车路系统在自动驾驶中的作用；第三个部分对车联网涉及的关键技术进行梳理，从车路协同和智能交通视角下对车联网系统架构进行解析，阐述所有交通要素信息的数字化采集与协同交互；第四个部分阐述车联网的起源，并对全球、中国以及江苏省的车联网发展现状进行分析。

1.1 车联网的定义

车联网（Internet of Vehicles，IoV）是汽车、电子、通信、互联网等多个领域交融的结合体。车联网技术被认为是未来智能交通系统的核心组成部分，也是5G垂直应用最具有前景的实用型技术之一，还是缓解现有交通拥堵、降低车祸发生概率最有效的智能技术之一，更是实现自动驾驶甚至无人驾驶必不可少的支撑技术。

车联网是在物联网这一概念基础上的延伸，物联网的含义是以互联网为核心，物物相连组成的通信网络。车联网意义与之相似，即在通信协议和数据交互标准之下，通过现代无线通信技术，实现车—车（Vehicle-to-Vehicle，V2V）、车—人（Vehicle-to-People，V2P）、车—路边单元（Vehicle-to-Infrastructure，V2I）及车—互联网（Vehicle-to-Network，V2N）之间进行信息交互，实现对交通的智能化管理，达到"车—路—人—云"的感知协同化发展。

车联网以车内网、车际网、车载移动网络为基础，搭载先进的车载传感器、控制器和执行器，融合定位技术、信息处理技术、无线通信技术和智能决策控制技术构建高度协同的车联网生态体系。在 V2V 通信中，车辆在向其他车辆发送自身速度、位置等信息的同时，接收来自其他车辆的行驶状态信息，同时结合传感器、摄像头等设备收集到的信息，实现对周围环境状况的感知，辅助驾驶员安全驾驶。

1.2 车联网的基本组成

车联网利用车载电子传感装置，通过信息网络平台，使车与车、车与路、车与城市之间的信息互联互通。车载终端、路侧单元、传输网络及车联网云平台是实现信息互联互通的基本组成，也就是人们常说的"端""管""云"。

整体系统架构以端、管和云共 3 个层次划分，并以共性基础技术和信息通信安全技术为支撑，实现环境感知、数据融合计算、决策控制，从而提供安全、高效、便携的车联网服务。从协议层划分，系统架构可分为设备层、网络层、平台层与应用层，分别与架构中的端、管和云对应，具体对应关系如图 1-1 所示。

端（设备层）：车联网的"端"是具有无线通信能力的车载终端和各种基础设施终端，包括车载无线通信终端、路侧感知设备以及个人便携式通信终端等。可以实现车辆与其他车辆间以及云平台之间的信息收发、车辆和交通状态信息的共享，终端可以进行 V2V、V2I、V2P、V2N 等各类 V2X 通信。

管（网络层）：利用 V2X、蜂窝网络等通信技术，包括 4G/5G 基站、C-V2X 路侧设备（RSU）、移动边缘计算设施等，实现车与车、车与路、车与平台、车与人等的全方位网络连接和信息交互。网络支持业务需求的灵活配置，同时保障通信的安全可靠。

云（平台层和应用层）：云是综合信息和服务平台。其中，平台层主要包括数据平台、开放业务平台、安全管理平台和支撑平台，实现数据汇集、计算、分析、决策，支持对开放业务的管理功能，安全管理、运维管理等功能。应用层面向各种车联网产业的应用（包括道路安全类、交通效率类、自动驾驶类、信息娱乐类等应用）以及应用支撑系统，提供多样化的车联网公共服务和行业应用。根据业务需求和网络支持能力，平台层和应用层可部署在边缘侧和中心云。

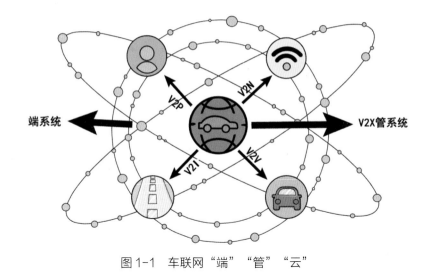

图 1-1 车联网"端""管""云"

通过对车联网涉及的关键技术进行梳理，通信和应用视角下的车联网系统架构着重从通信能力和应用支撑的角度描述车联网系统构成，如图 1-2 所示。

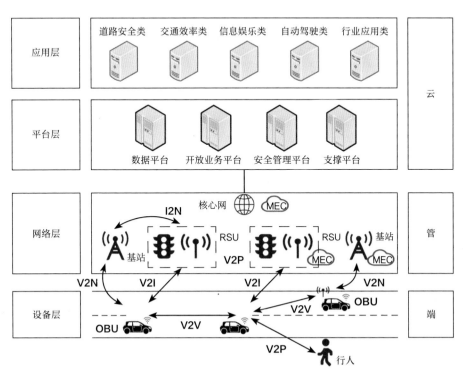

图 1-2 车联网基本组成架构

1.2.1 车联网系统的"端"

车联网系统的"端"指的是具有车内通信、车间通信、车网通信的泛在通信终端。

1. 车载终端

车载终端是汽车的智能传感器，主要负责采集和获取车辆基本信息，感知行车状态及周围运行环境，实现车车交互、车路交互以及车网互联，具有地理定位及无线通信功能。车载终端为道路使用者提供信息服务的方式多元化，主要是从视觉和听觉的角度接入，如图片视频界面弹出、警告提示音、视频播放等。

车载终端中集成了数据采集模块、数据存储模块、移动通信模块、无线通信模块、卫星定位模块、多媒体播放模块及中央处理单元，在中央处理单元的统一调度、协同处理下工作。

数据采集模块应用车上配设的各类传感器对车辆运行状况及周边动态信息进行实时的采集与统计，具体包括通过传感器对车辆位置、状态、油量等车内数据，道路车辆事件、报警、行驶行为等的采集与统计。

数据存储模块主要负责数据采集模块采集到的相关数据存储，如车辆运行状态及地图等数据的保存。

移动通信模块主要实现远程数据传输、无线上网及语音通话等功能，负责车辆联网及车与行人之间的互联互通。通过中央处理单元控制移动通信模块进行拨号，连接成功后即可访问互联网并进行数据之间的传送与交流。

无线通信模块负责车辆与车辆、车辆与路端、车辆与行人之间的通信。该模块使车载终端具备联网信息传输功能，中央处理器把卫星定位、传感器及音视频采集等模块收集到的数据信息筛选、加工处理后，整合成更加直观有效的信息，并通过无线通信传递给邻近车辆及设备，是车载终端不可缺少的一部分。

卫星定位模块通过卫星获取车辆当前的经度、纬度、海拔高度、速度及方向等位置信息。通过卫星定位模块提供的精准位置信息，就可以实时跟踪车辆行驶轨迹，并根据轨迹处理数据引导其他车辆驾驶者选择更加通畅且节省时间的出行路线，宏观调控交通运行状况。

多媒体播放模块主要负责增强交通参与者的出行体验感，主要应用于音乐、电台广播等音视频的播放。

重点是交通参与者与路侧基础设施的信息交互，将人、车与智能交通基础联系起来，内容包括路侧通信系统、车路信息交互规则等。此外，车辆还向路侧系统和管控中心反馈其运行信息、异常状态等，可提高系统的感知精度和响应速度。

2. 道路基础设施

道路基础设施指安装在路侧，采用无线通信技术连接互联网，能与车载终端和云端进行通信，实现车辆身份识别、特定目标检测及图像抓拍、广播实时交通信息及电子扣分等功能的电子设备。例如用于 ETC（Electronic Toll Collection）不停车收费系统的读卡装置。

道路基础设施负责将其覆盖区域的交通运行情况上传，以及从云端获取实时交通信息并广播给车辆。道路基础设施从所连接的车载终端上获取车辆信息、位置信息及行车信息，并上传到云端，由云端交通控制中心系统进行分析处理，从而形成实时交通信息，并将结果返回给道路基础设施，再由道路基础设施通过无线通信的方式发送到其覆盖区域的车载终端。

道路基础设施可以由专门的装置完成路侧单元的功能，也可以借助智能路灯、公交电子站牌及智能信号灯等装置来实现。重点是基于道路的交通信息感知、与车辆协同配合的智能化路侧系统。路侧系统向车辆发送高精度地理信息、定位辅助信息、交通规则信息、交通环境信息、基础设施信息、实时交通状态、危险预警提示等，车辆可以实现精确定位，及时掌握路段层面信息，扩展感知范围。同时，路侧系统可实现路口、互通区、匝道区及路段范围内的协同控制，提高车辆在交叉口、合流区、分流区、互通桥区、关键路段的运行安全和效率。此外，路侧系统将路段层面的交通状态、交通环境、交通事件等信息反馈至管控中心，有利于提高全局感知能力。

1.2.2 车联网系统的"管"

1. V2X 详解

车联网系统的"管"指的是能实现融合通信及接入互联网的能力，实现车与外界百分百的互联，即 V2X（Vehicle-to-Everything），这是未来智能汽车、自动驾驶、智能交通运输系统的基础和关键技术，主要用于解决车与车、车与路、车与云及车与人等之间的互联互通，实现车辆自组网、移动通信网、无线局域网及多种异构网络之间的通信，是车联网的保障。V2X 是以车内网、车际网和车载移动互联网为基础，综合利用通信技术、汽车工程技术、控制技术、高精度定位技术以及信息安全技术，让车辆以一种智能的方式动态地与车（V2V）、城市基础建设（V2I）、周围的人（V2P）、通信网络（V2N）之间进行信息共享交互的智能互联的车辆网络。简单来说，V2X 通过无线通信技术将车辆（Vehicle）与周围万物连接起来，如图 1-3 所示。

图1-3　V2X情境

V2V（Vehicle-to-Vehicle，车-车）是指通过车载终端进行车辆间的通信。车载终端可以实时获取周围车辆的车速、位置、行车情况等信息，车辆间也可以构成互动的平台，实时交换文字、图片和视频等信息，V2V通信将独立驾驶的车辆紧密联系在一起，形成信息交互共享的车辆自组织网络（Vehicular Ad-hoc Network，VANET）。V2V通信可以用作车辆间信息交互和提醒，最典型的应用是车辆间防碰撞安全系统，主要应用于避免或减少交通事故、车辆监督管理等。

V2I（Vehicle-to-Infrastructure，车-基础设施）是指车载设备与路侧基础设施（如红绿灯、交通摄像头等）进行通信，路侧基础设施也可以获取附近区域车辆的信息并发布各种实时信息，对于V2I通信，车辆主要与路边单元（Rode Side Unit，RSU）或基站进行通信。在车辆密度较大的场景下，RSU可为车辆进行路径规划及速度提出建议，通过V2I技术，将"智慧"的车和"聪明"的路结合起来使出行更加快捷。V2I通信主要应用于实时信息服务、车辆监控管理及不停车收费等。

V2P（Vehicle-to-Pedestrian，车-行人）是指弱势交通群体（包括行人、骑行者等）使用用户设备（如手机等）与车载设备进行通信，在V2P通信中，每个车载终端与行人携带的移动终端设备进行通信，一方面行人可获知车辆运行轨迹及速度大小，另一方面车辆也可提前减速规避人群，保障车联网体系中弱势交通群体的安全。除此之外，V2P通信还可用于停车找车场景中，通过移动终端设备定位车辆位置或者空余的车位。V2P通信用来对道路上行人或非机动车进行安全警告，主要应用于避免或减少交通事故、信息服务等。

V2N（Vehicle-to-Network，车-互联网）指车载设备通过接入核心网与云平台连接，云平台与车辆之间进行数据交互，对获取的数据进行存储和处理并提供车辆所需要的各类应用服务，对于V2N通信，车辆则主要与云端进行信息交互，实现计算数据的灵活下载、传输及存储，云平台对收集到的海量数据进行处理分析后可为车辆提供定位、紧急救援、信息娱乐等服务。V2N是目前应用最广泛的车联网形式，其主要功能是使车辆通过移动蜂窝网络，连接到云服务器，使用云服务器提供的导航、娱乐、防盗等应用功能，主要应用于车辆导航、车辆远程监控、紧急救援及信息娱乐服务等，如图 1-4 所示。

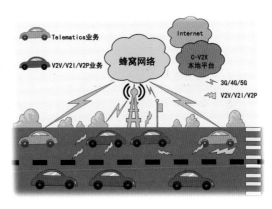

图 1-4　V2X 车用无线通信

V2X 将"人、车、路、云"等交通要素有机地联系在一起，不仅可以支撑车辆获得比单车感知更多的信息，促进自动驾驶技术新的应用，还有利于构建一个智慧的交通体系，促进汽车和交通服务的新模式新业态发展，对提高交通效率、节省资源、减少污染、降低事故发生率、改善交通管理具有重要意义。

2.V2X 的应用

V2X 的目标是实现车辆在自动驾驶模式下对交通信息做出最合理的判断，从而可以缓解交通压力。利用车辆本身的毫米波雷达、摄像头，采集车辆周边环境，另外通过 V2X 获取更加广阔的环境参数，例如：十字路口、斜坡信息、道路状况等，形成 360 度无死角的计算机认知，提升车辆主动安全性。同时，在非人为操作下，V2X 将交通事故率降至最低，使自动驾驶比人为驾驶更安全。现阶段，V2X 的应用主要包括如下两个阶段。

辅助驾驶阶段。V2X 主要用于基于 GNSS 位置、车辆行驶状态参数、路侧信息实现车辆的主动安全。V2X 不涉及车辆控制，只是发出警示信息提醒驾驶者。典型的应用包括前向碰撞预警，如图 1-5 所示；交叉路口碰撞预警；左转辅助；逆向超车碰撞预警，如图 1-6 所示；紧急制动预警；堵车排队提醒，如图 1-7 所示；车辆失控预警；道路危险状况提示；盲区预警 / 变道辅助，如图 1-8 所示；限速预警，如图 1-9 所示；闯红灯预警；弱势交通参与者预警。得益于 V2V 提供的防碰撞警示提醒，车辆之间的安全距离可以进一步缩短。通过 V2I 获取的交通管制信号，可以控制通行的速度和选择加减速时机。通过 V2P

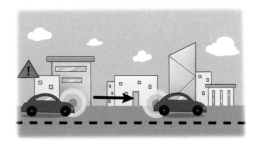

图 1-5　追尾警告

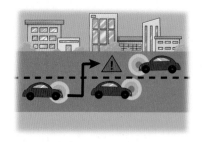

图1-6 超车碰撞警告

图1-7 堵车排队警示

图1-8 十字路口盲点提醒

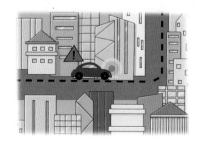

图1-9 弯道减速提醒

保证路边行人的安全性。三者作用下，道路的通行效率可以大大提高。

自动驾驶阶段。该阶段V2X可以弥补单车智能的软肋，是自动驾驶最重要的组成部分。V2X是一种通信技术，与车载传感器相比，其不会受到天气状况的影响。比如，沙尘天气或者大雨、大雾下，车载摄像机的作用就会被减弱，但V2X依然可以保持正常的工作，可以无死角、穿越障碍物来获取信息，与车辆运行环境形成互联、信息互通，同时还可以通过远程大平台获得智能的能力，完成自动驾驶。目前V2X在自动驾驶方面典型的应用有两类：（1）自动驾驶车辆编队行驶；（2）最后一公里自动泊车。目前来看自动驾驶环境下V2X的应用场景，车对车通信中的协同式自动驾驶车队进展较快，即一排车靠V2V的支持紧密列成一排，前车驾驶状态信息实时传递到后车，后车可以根据前车的驾驶状态安全行车，车队通过V2X还能获得道路的环境状态信息以及高精度定位信息，从而达到编队安全行驶的目的，如图1-10所示。最后一公里自动泊车应用是近期的热点应用，如图1-11所示。为行驶的车辆提供交通灯时序和通行速度建议，如图1-12所示。从目前已有的自动驾驶最后停车场景的解决方案中，V2X的辅助是必要的。V2X是连接手机与车辆的通道，同时也是停车场与车辆多传感器系统交互的纽带。

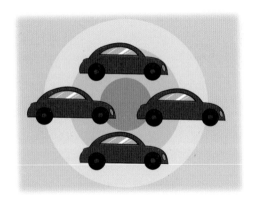

图 1-10　车间协作

图 1-11　自动泊车和充电寻找

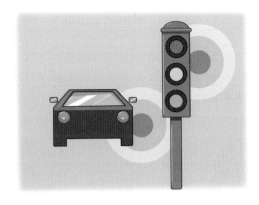

图 1-12　交通灯时序和通行速度建议

1.2.3 车联网系统的"云"

车联网系统的"云"指的是云平台,云平台即允许开发者将写好的应用程序放在"云"里运行或使用"云"提供的服务的一种平台。车联网的云平台主要用于终端的接入和车辆的运行状态管理、交通状况管理、交通时间处理、车辆收费管理、交通信息管理、交通管制信息的发布、应用程序的发布等车联网的应用,以及数据储存、大数据分析处理等,为驾驶者提供包括云导航、路况信息、停车管理等云服务。

云平台负责监听车载终端、道路基础设施等客户端发来的连接请求,并提供高效、稳定的数据处理、协议解析、消息转发等服务。云平台与客户端的交互通过请求和返回两种方式进行通信。云平台通过对不同的客户端及不同的系统之间的数据转发和数据格式转换,实现业务管理系统、服务支撑系统、呼叫中心系统、车辆管理系统、收费系统等不同系统之间的业务接入访问及实现,侧重路网层面宏观信息感知与服务。信息中心将路网交通状态、路网交通环境、交通控制及调度、应急处置等信息发送至路侧系统,路侧系统根据需要,将信息转发至车辆。对全局性的地理数据、气象、事件等信息,信息中心可通过通信网络,直接发送到车辆。

通过车联网"端、管、云"的三层架构以及四层协议层构成的系统架构,交通参与者将形成全系统的信息化和数字化映射。蜂窝网络(包括4G和5G等)与C-V2X可联合组网,构建广泛覆盖的蜂窝通信与直通通信协同的融合网络,保障车联网业务的连续性。通过引入人工智能、大数据及边缘计算技术,对通信网络引入计算能力,实现海量数据分析与实时计算决策,建立一体化的车联网业务支撑和系统管控平台。

1.3 车联网体系架构

1.3.1 车路协同视角

车联网和车路协同都强调汽车通过通信接收道路环境信息,提高驾驶安全性和道路通行效率。不同的是,车联网侧重从车的角度阐述车与车、车与路间通信,车路协同则侧重从道路和交通的角度进行阐述。车路协同的技术内涵有3点,一是强调人—车—路系统协同,二是强调区域大规模联网联控,三是强调利用多模式网络与信息交互。

从车路协同的角度来看,要求所有交通要素的状态信息实施数字化采集,并通过通信技术进行快速交换共享。交通参与者可根据交互信息进行协同，交通管控中心对采集的海量数据进行分析提取，从而实现全局管控。

未来智能车路协同在 3 个维度上有新的变化。第一，感知模式的变化，从依靠人（驾驶员）的观察转变为车辆自主的环境感知，但由于复杂的交通环境，车辆更需要协同感知。如果车不知晓道路的一些结构化信息，不获悉整个路网的交通流状态信息，就无法做出最优控制决策。第二，决策模式的变化，由单个车辆个体基于规则的决策，转变为群体协同决策。第三，管控方式的变化，管控方式主要向系统控制和协同管控方向发展。

综上所述，车路协同的视角下，车联网的系统架构如图 1-13 所示。

其中，感知层包括车载终端、行人便携设备以及路侧感知设备（路侧设备、交通信号设备、视频监控设备）3 类感知设备，3 类设备间通过车联网实现互联和信息交互，并进行"路"与"端"之间的协同感知和辅助决策控制处理。感知层及对应的端设备与云间可以通过车联网进行信息交互。

感知层负责车辆自身与道路交通信息的全面感知和采集，是车联网的神经末梢，通过传感器和定位等技术，实时感知自身车况和当前位置、周围车辆和道路环境等信息，及时获取车辆自身属性以及车辆外在环境（如道路、人、车等）的静态和动态信息。

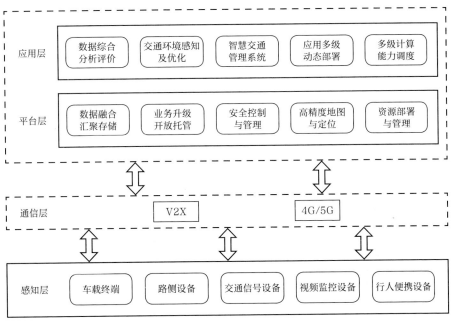

图 1-13　车路协同视角下的车联网体系架构

其数据来源包括：

① 车辆自身的感知信息，如位置、速度、加速度、横摆角速度等，通过读取车上的全球导航卫星系统（GNSS，Global Navigation Satelite System）和其他传感器得到；

② 对周围车辆行驶状态的感知信息，比如周围车辆的位置、方位、速度、航向角，以及特殊车辆（公交车、救护车等）路权优先请求，需要通过车车通信（V2V）获取；

③ 对道路环境的感知信息，如交通信号状态、道路拥堵状态、车道驾驶方向，需要通过车路通信（V2I）获取；

④ 交通全局信息，通过车与云后台及第三方应用（V2N）交互来获取更多的数据。

云与端之间的协同包括云与路侧设备间的协调与交通调控，以及云与车载终端间的协同感知和云端辅助决策控制。云包括区域云和中心云构成的多级控制，主要分为平台服务层和应用服务层两层。平台服务层主要为应用服务层提供平台支撑能力，可提供数据融合汇聚存储、业务分级开放托管、安全控制与管理、高精度地图与定位和资源部署与管理等功能。应用服务层提供大数据的分析评价、交通环境感知及优化、智慧交通管理系统、多级的应用动态部署和计算能力调度功能。多级平台可根据 V2X 业务对时延、数据计算量、部署等方面的需求，分层提供不同的服务能力。

1.3.2 智能交通视角

智能交通视角下的车联网系统架构如图 1-14 所示，包括后台子系统、道路子系统、车辆子系统和出行子系统 4 个子系统。各子系统之间采用车联网通信完成信息交互，包括基于直连短距通信方式的车车通信、车路通信，以及通过车载网络通信（V2N）方式实现的广域通信能力，子系统与子系统之间通过标准接口来交换信息。

后台子系统负责道路安全、交通管理与交通效率、信息娱乐、自动驾驶、商用车运输管理和调度等。道路子系统的主要功能是通过传感器对道路进行监测，提供道路实际情况（如

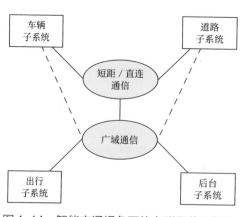

　图 1-14　智能交通视角下的车联网体系架构

交通流量、红绿灯信息、交通事故等），并对道路进行一定程度的控制（例如交通信号灯控制），另外还需要为交通信号灯、高速公路等路侧设备提供信息。道路子系统的主要功能有道路信息、安全监控、道路支付、停车管理、商用车检查等。车辆子系统的主要功能是车辆对安全高效行车所必需的感知、处理、存储和通信等，包括针对乘用车、商用车、应急车、公共交通车以及维护施工车辆的不同需求与功能部署。出行子系统为旅客提供相关的出行信息支持，包含远程旅客支持和个人信息访问等，是未来利用车联网技术创新出行即服务（MaaS）的机遇所在。智能交通系统将多元交通工具（汽车、地铁、火车、飞机等）整合在统一的服务平台，运用大数据和人工智能等技术进行资源配置优化、决策，建立以出行者为核心的无缝衔接交通系统，结合移动互联网和移动支付等手段，提供符合出行者个性化需求且更灵活、高效、经济的出行服务，让出行者从拥有车改为拥有交通服务，实现共享经济发展。

1.3.3 产业融合视角

车联网产业是汽车、电子、信息通信、道路交通运输等行业深度融合的新型产业，涉及车、人、服务平台、路之间的互联、互通、互动，复杂度相当高，是全球创新热点和未来发展制高点，如图 1-15 所示。

图 1-15 车联网产业链与应用架构

1. 产业链维度

车联网产业链根据终端需求的不同可以拆解成不同环节，某个厂商可能位于一个环节，也可能同时位于多个环节，如图 1-16 所示。

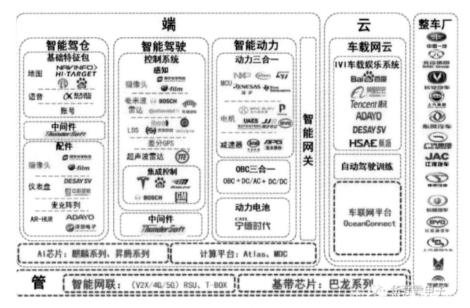

图 1-16　车联网产业链全景图

2. 车联网的上游

主要包括硬件生产商、软件开发商及汽车服务商等相关企业。硬件生产商主要生产中间产品提供给汽车生产商、各类设备生产商等，比如传感器、摄像头、各类元器件、芯片、集成电路等。软件开发商主要提供用户软件，比如高清地图、音乐软件、基础数据、导航等。汽车服务商主要提供车载显示等关键部位零件，比如后视镜、显示屏、车载导航等。国内做汽车的传感器、各类元器件、芯片集成电路等的企业数量众多，但大多规模较小，产品性能与国外差距较大，常常受到汽车生产商、设备生产商的制约。

3. 车联网的中游

车联网产业链的中游主要包括终端设备制造商、系统集成商等相关企业。终端设备制造商主要根据汽车厂商的设计方案提供前载以及后装的信息终端，车载终端主要由传感器、数据采集器、无线发送模块组成。车辆实时运行工况包括驾驶员的操作行为、动力系统工作参数数据等。系统集成商是一种将车联网组建成为一个解决方案的厂商，系统集成商是整个产业链的重要环节，其推出的解决方案直接影响车联网的应用与推广，比如车机交互功能以及 APP 等。

4.车联网的下游

车联网产业链的下游主要包括汽车制造商、平台运营商、服务提供商等相关企业。汽车制造商主要提供汽车平台、整合整车采集的信息以及通过前装方式安装智能车载终端，由于汽车制造商直接面向消费者，因此在产业链上具有一定话语权。平台运营商是整个车联网产业链的核心环节，主要提供车联网的平台建设和运维，其主要是借助移动网络来实现车载终端与监控中心的信息传递。服务提供商主要为用户提供车辆信息化行业综合服务，服务内容包含但不限于像滴滴、高德等直接面向客户或消费者，主要包括线上服务和线下服务：线上服务包括在线沟通、在线管理车辆、在线导航、停车场查找等信息查询、在线商旅、在线音视频、实时交通信息等；线下服务或者说本地化服务，涉及车主的真实体验，包括汽车金融、汽车租赁、保险、维修保养、年检代办、紧急救援、车友会等多个方面，如图 1-17 所示。

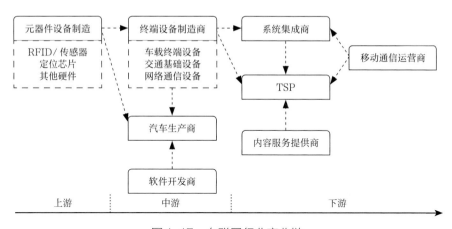

图 1-17　车联网行业产业链

1.4　车联网的前世今生

1.4.1　车联网的起源

20 世纪 90 年代，互联网作为信息革命的颠覆性技术，迅速普及大众市场和消费领域，极大地满足用户对信息和通信的需求。2005 年 11 月，国际电信联盟（ITU）发布《ITU 互联网报告 2005：物联网》，物联网就是万物相连的互联网，是互联网基础上的延伸和扩展的网络，其将用户终端延伸和扩展到任何物品（设备终端）与物品（设备终端）之间，按照约定协议进行信息交换和通信。车联网是物联网在汽车行业的应用，车联网从属于物联网范畴内。

1967 年，美国交通部门研发了一套电子路径规划系统 Electronic Route Guidance Systems（ERGS），可以根据输入的目的地信息，做出路径规划。

1973 年，日本通产省主导着手研究车间通讯，并开发了一个汽车综合（交通）控制系统 Comprehensive Automobile（Traffic）Control System（CACS）。

1986 年，电子不停车收费系统 Electronic Toll Collection（ETC）首次在挪威的卑尔根推出。

1991 年，日本政府出面，组织了警察厅、通产省、运输省等多个部门，在多年的研究基础上，开发并投入试运行了车辆信息通讯系统 Vehicle Information & Communication System。该系统可从各地警察和道路管理部门收集道路状况、停车场车位、交通事故等实时信息，加以分析再提供给公众。

1995 年，葡萄牙成为第一个在全国范围内实现 ETC 的国家，该系统也可用于停车场和加油站。

1996 年，时任通用汽车北美运营总裁瑞克·瓦格纳在芝加哥车展上正式发布 Onstar 车联系统。当车辆发生紧急情况时，车上的传感器可以感应到并通知给 OnStar 客服中心以获取帮助，客服中心通过 GPS 来确定车辆所在位置。另外，OnStar 还向高端用户提供语音路线规划导航，帮助后者寻找酒店和餐厅等。

2000 年，欧洲启动 FleetNet 项目，2001 年，又启动了 CarTalk2000 项目，试图研究解决车辆之间通信问题。

2007 年，美国 PATH 实验室 15 辆汽车通过车间通信实现队列行驶，同年，6 家欧洲汽车制造商（BMW、DaimlerChrysler、Volkswagen 等）联合成立了 Car2Car 通信联盟，目标是为 Car2Car 通信系统建立一个公开的欧洲标准，不同制造商的汽车能够相互通信。

2009 年 10 月，Onstar 在中国上海落地，取名安吉星，从此将车联网服务引入中国，并在 2 个月内获得了第一个中国用户。

1.4.2　全球发展现状

华为《车路一体化智能网联体系 C-V2X 白皮书》不仅指出车联网是将车辆连接到一切（V2X）的下一代无线通信技术，V2X 可以将车辆连接到能够与车辆进行交互的任何对象，包括其他车辆、行人、路边基础设施和网络。

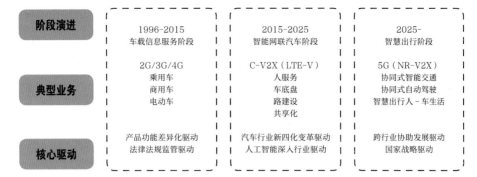

阶段演进	1996-2015 车载信息服务阶段	2015-2025 智能网联汽车阶段	2025- 智慧出行阶段
典型业务	2G/3G/4G 乘用车 商用车 电动车	C-V2X（LTE-V） 人服务 车底盘 路建设 共享化	5G（NR-V2X） 协同式智能交通 协同式自动驾驶 智慧出行人-车生活
核心驱动	产品功能差异化驱动 法律法规监管驱动	汽车行业新四化变革驱动 人工智能深入行业驱动	跨行业协助发展驱动 国家战略驱动

图 1-18　车联网发展历程

同时，也指出了车联网的发展可以分为三大阶段，如图 1-18 所示。第一阶段为具备基本网联能力的车载信息阶段。第二阶段为智能网联汽车阶段，通过 V2X 技术，车路开始协同。第三阶段为未来的智慧出行阶段，车路协同在智能交通和高级自动驾驶中广泛应用。目前，车联网发展处于第二阶段。

近年来，汽车产业从"电动化"向"智能化"、"网联化"进一步升级，催生了自动驾驶与车联网等全新行业生态。在人工智能、物联网持续升温影响下，目前各国对于智能网联汽车的发展愈发重视，在车联网标准化问题上，也予以了积极推动。目前，各国车联网的发展现状如下。

（1）智能网联汽车成为主流产品

纵观美国、德国、日本、韩国的智能车辆的发展和现状，都是以提高行车安全和行车效率为主要目的，以传感技术、信息处理、通信技术、智能控制为核心，道路、汽车协调系统和高度自动化驾驶已成为现阶段各国发展的重点，成为市场竞争的关键因素。而我国智能汽车的基础技术、研发水平、相关产业链基础在智能车辆领域相对薄弱，还处于驾驶辅助阶段，未来将逐步过渡到部分自动驾驶、高度自动驾驶和无人驾驶。

（2）车联网与新一代信息技术深度融合

车联网包括的是以车为中心一系列的连接方案，是人、车、路、网、云控制中心等多个未来交通核心要素之间进行数据通讯的网络。各国在车联网发展上不仅能够收集车辆本身信息、车辆位置信息、驾驶员信息、天气情况、交通状况等数据，还可以通过大数据分析获取深层次的洞察。5G 时代的更新机遇将人工智能、云计算、边缘计算与车联网智能互融，智能互融新生态将有能力带来更广阔的行业机遇。车与车、路、人、云的多维信息交互网络正在形成，自动驾驶、综合信息服务、智慧交通等车联网的应用，使人类与生活空间之间产生了智能交互，催生了巨大的市场想象空间，车联网产业的快速发展必然对未来城市、未来生活产生重大影响。

（3）跨界合作和服务创新日益显著

车联网产业链条长且产业角色丰富，世界各国在车联网跨越服务业与制造业两大领域相互渗透，跨界融合特征突出。随着车联网生态系统的改善，车联网将提供更加多样化的服务，重点主要聚焦在信息服务类和智能化服务两种。

信息服务类多以用户体验为核心，既包括了驾乘体验、实时出行的基础性车载信息类应用，也包括车辆上路行驶、车辆出行前或者出车后的涉车服务、后市场、车家服务等。目前这类基础性车载信息类应用是现在车联网的主要应用形态，主要涉及车主的前台互动体验，像导航、娱乐、通信、远程诊断、资讯等。不少前装车辆已经加装了这些车载无线信息终端，比如奔驰、宝马、保时捷、奥迪等车型，车主可以通过车载智能网联获得车辆信息、服务信息，包含了在线导航、娱乐等多媒体服务。

在智能化服务类上主要是针对汽车来做管理服务，比如现在与车辆北斗定位的融合、电子支付ETC的结合，也包括了共享车、网约车、网租车。同时，涉及汽车服务的还有汽车保险、车辆维护延保、车辆美容维修、N手车的交易、电池快换系统、性能测试、升级性能改装等应用，汽车的保有量增速放缓，淘汰落后产能并激发后市场的潜力。各国聚焦在车家类的服务主要是通过基于位置、时间和日期来判断车主的行为习惯，相应地为车主提供智能家居服务应用，包含家电远程精准的时间控制等。该类应用会涉及车辆总线数据、车载信息服务数据、运输出行数据以及个人信息的共享和交互数据，比如到家之前打开空调，接近的时候打开车库大门，根据指纹＋掌纹把锁推开大门，根据声音或地板压力打开对应的电器等。

1.4.3 我国发展现状

我国各个城市正在积极推动智能网联汽车产业的发展，大力建设智能网联汽车产业示范区。为响应国家的号召，全国各地方政府部门为推动智能网联汽车产业的发展开展了大量工作，上海、重庆、北京、河北、浙江、湖北武汉、江苏无锡等地已建设智能网联汽车测试示范区，积极推动半封闭、开放道路的测试验证。同时，北京、上海、重庆、深圳、广州等地相继出台智能网联汽车相关政策与法律法规，推动本地区智能网联汽车快速发展。

我国各个城市正在积极推动智能网联汽车产业的发展，大力建设智能网联汽车产业示范区。为响应国家的号召，全国各地方政府部门为推动智能网联汽车产业的发展开展了大量工作，上海、重庆、北京、河北、浙江、湖北武汉、江苏无锡等地已建设智能网联汽车测试示范区，积极推动半封闭、开放道路的测试验证。同时，北京、上海、重庆、深圳、广州等地相继出台智能网联汽车相关政策与法律法规，推动本地区智能网联汽车快速发展。

具体来看，北京、深圳和杭州由于具备全国领先的互联网企业如滴滴、百度、腾讯、阿里，因而在汽车网联技术上享有研发优势，这类企业通常以与整车制造企业合作的示范方式布局智能网联汽车产业，进而推动当地该产业的发展。而长春、重庆、上海、北京则以汽车制造工业领先，具备较为雄厚的产业基础，为智能网联汽车产业的发展奠定良好的条件。此外，长春、深圳和北京拥有较多优势智能技术提供商，例如大唐电信、华为、大族激光等，为智能网联汽车网联化提供了强力的支持。因此，综合来看，北京、深圳、上海、浙江和长春综合实力更为优越，具备较好的智能网联汽车发展潜力。以下是全国重点示范区的发展情况。

1. 北京

国家智能汽车与智慧交通（北京）示范区包括海淀基地测试场和亦庄基地测试场两部分，由北京智能车联产业创新中心运营。其中，海淀基地具有丰富的测试经验，包括了城市和乡村道路类型，有环岛、苜蓿叶式立交、隧道、公共汽车站、停车区、雨区道路、雾区道路、学校区域、湿滑路面、夜间行驶等场景。亦庄基地测试场场景覆盖全，测试功能丰富，封闭试验场二期设置了 1.2−1.5 公里的高速直行跑道，有高速公路、城市快速路、环道、支路、铁路交叉口、学校、服务器、公交港湾、障碍区等场景。

2. 上海

国家智能网联汽车示范区由上海市智能网联汽车创新中心运营，目前封闭测试场地主要以城市场景为主，场景搭建比较完善，测试功能齐全，可以允许三家企业同时测试。城市道路里程 3.6 公里已建设完成，涵盖了弯道、隧道、坡道、桥梁、十字交叉口、环岛、机非混行场景，目前尚无高速公路和乡村道路场景，但有林荫道场景。在开放路试方面，测试示范区目前共完成上汽、蔚来、宝马、初速度、图森未来共 5 家企业 7 张测试牌照的发放，累计开放道路 37.2 公里。

3. 浙江

云栖小镇初步建成 5G 车联网应用示范，在云栖小镇上，中国移动布设了 34 个 LTE−V 路面站点，全程都布设了高清摄像头，实现车与车、车与路、车与人、车与网之间的互联互通，使得路上的一切都可以实时传递到指挥中心并反馈到车端。目前项目构建了以视频技术为核心的透明示范路，还搭建了4G+的宽带移动测试网络，并完成多项辅助驾驶和自动驾驶的研究与测试。同时，桐乡试点还推出了智能化停车应用，利用密集式停放的方式将停车位数提高40%以上。2021年8月，在莫干山高新区城北高新园砂村区块建设德清车联网实验室及检测中心项目。该项目总用地面积54.8亩，总建筑面积为9.4万平方米，打造集实验、测试认证、办公、商业综合体于一体的车联网服务集群。作为全国县域唯一的国家新一代人工智能创新发展试验区、全省唯一的自动驾驶和智慧出行示范区，德清借助地信产业优势助推智慧出行产业提质拓链，助力行业发展迭代升级。

4. 武汉

武汉智能网联汽车示范区选定武汉开发区智慧生态城·车都生态智谷为核心区域，目前建成2平方公里的智能网联汽车封闭试验场。项目位于智慧生态城黄陵矶休闲公园，整个项目占地面积约3629亩，第一阶段是搭建"部分自动驾驶"测试场景；第二阶段是在3-5年内，建设15平方公里的半封闭区，实施"有条件的自动驾驶"示范；第三阶段是5年后将示范区扩展至90平方公里，开展"高度自动驾驶"下的智慧城市服务示范。试验场将模拟湿滑、涉水、山路、林地、高速、砖石、桥梁等多种路况。

5. 重庆

智能汽车集成系统试验区结合重庆交通、通信基础设施的实际情况，开展由试验场地封闭环境到城市交通开放环境的一系列试验，具体包括智能驾驶、智慧路网、绿色用车、防盗追踪、便捷停车、资源共享、大范围交通诱导和交通状态智慧管理等八大领域。试验区位于中国汽车工程研究院礼嘉园区内，总面积达403亩，在6公里的道路测试区中，涵盖了50多种交通场景测试，包括直道、弯道、隧道、桥梁、上下坡、交叉路口、停车场、加油站、充电站等，并设置了虚拟车辆、虚拟行人。除此之外，区内还集成了智能传感器、北斗高精度定位、LTE-V/DSRC车路等实时通信设施，可供相关研究单位开展盲区预警、变道预警、行人预警、紧急制动、车速诱导、自动泊车、隧道行驶等测试。

6. 河北

国家智能汽车与智慧交通示范区由长城汽车股份有限公司运营，测试区域结合城市典型工况及乡村典型工况，布有十字路口、五岔路口、环岛、匝道及15种特殊路面，配有完善的交通信号灯、路灯、街景、行人、模拟加油站、通讯及智能交通管制系统等设施，充分模拟城市及郊外工况，可实现200余种场景，可用于智能型交通系统（ITS）、驾驶员辅助系统（ADAS）、无人驾驶汽车等研究及开发试验，目前暂未开放实际道路测试。

1.4.4 江苏省发展现状

江苏省在推进车联网示范区工作上力度巨大，成果显著，目前已经在省内无锡、南京、苏州、常熟、常州和盐城等城市陆续开展车联网建设示范试点工作，重点围绕道路测试和车路协同平台建设方面展开具体的创新试点工作。国家级先导区方面，江苏（无锡）车联网先导区是中国设立的首个车联网先导区，于 2019 年 9 月成立。省级先导区方面，江苏省车联网先导区于2019 年 10 月在苏州市正式揭牌，意味着苏州将以常熟市、相城区、工业园区为主体，创建首个省级车联网先导区。2020 年 12 月，南京市省级车联网先导区落成。

1. 无锡

江苏无锡国家智能交通综合测试基地是国家智能交通综合测试基地，位于无锡市滨湖区，规划总面积为 178 亩，将打造智能交通管理技术综合测试平台、交通警察实训平台与智能网联汽车运行安全测试平台等三大平台，实现智能交通管理技术和产品的综合测试、新技术新产品的验证示范，保障公安交警业务和技能实训，并推动智能网联汽车测试技术标准体系研究，实现智能网联汽车运行安全技术测试认证。封闭测试区方面，覆盖 3.53 公里的道路，划分了多个不同场景的测试区域，涵盖了城市道路、乡村道路、城镇街道和高速公路。开放测试区重点关注实际开放道路各种场景下的行车安全，在开放测试区道路环境改造方面，规划了各种不同的道路类型，配备红绿灯、交通标志和电子指示牌，涵盖各种天气和复杂环境，还原了更加真实的实际道路测试场景。

江苏（无锡）国家级车联网先导区作为全国第一个国家级车联网先导区，在车联网产业发展的各个方面做出了大量创新和实践。无锡公安交管部门共享开放 40 余项交管信息，通过中心平台能力升级、路侧管控设备改造、增加 RSU 设备，打通公安交管中心平台、路侧管控设备与车联网通信管道。通过车路协同为驾驶者提供更加精准、实时、主动的路况信息，动态实时获取前方路况、道路施工情况，在出行之前或者过程中可以第一时间获取可变车道、潮汐车道、可变限速等动态信息，提升出行服务水平。同时，通过推送红绿灯信息起到车速引导作用，作为自动驾驶的一种辅助性支撑信息；路侧斑马线上的摄像头检测到有行人，即时推送信息至车辆，提前进行避让决策；提前获取交通事故等事件信息，选择最佳通行路线；路口盲区会车／变道时，发送预警信息，为车辆自动驾驶提供支撑。

2. 南京

秦淮高新区携手百度、亚信开展深度合作，促成秦淮区建设完成南京市首个省级车联网先导区，占地面积约 1.62 平方公里，覆盖 15 条道路、30 个路口，总计 10.67 公里的城市公共道路。该先导区包含一套基础，即车路协同基础路测系统。一个应用平台，即车路协同云控平台。三项支撑体系，即高精度地图、差分定位、数据中心三项支撑。四类服务，即为高级别自动驾驶车辆、网联辅助驾驶车辆、普通车联网用户及交通管理部门提供的 40 多项车路协同功能场景服务。在此基础上，建设完成首个智能网联车辆测试平台及 L4 级别自动驾驶测试平台。

溧水区在产业新城核心区骆家边路，全长 1.62 公里，5 个交叉路口，建设智能网联汽车示范测试赛道，取得了 i-VISTA 智能网联汽车试验示范华东基地授牌，赛道除满足无人驾驶汽车测试需求外，还与中国移动同步建设 5G 应用示范区，未来车辆可进行 5G 自动远程驾驶测试，以及增设高速公路、乡村道路、隧道、模拟雨雾天气等场景。

江宁区未来科技城测试道路建设高精度传感器和路侧感知设备，实时探测周边道路环境，给无人车提供周边交通环境感知数据。

此外，建邺区也在努力打造新型公交都市先导区，在江心洲 15 平方公里区域、70 公里道路上进行智慧公交、智能驾驶网约车、智能驾驶小巴等多种场景的应用建设。2021 年 10 月底，江心洲 5 辆 Robo taxi 获得智能网联汽车测试牌照，进入了路测阶段。Robo-Taxi 搭载 L4 级全栈式自动驾驶软硬件解决方案，采用激光雷达、摄像头、毫米波雷达等多传感器融合的技术路线。该车辆可 360 度无盲区感知周围路况，最远检测距离达到 250 米，可以精准识别车道线、交通灯、交通标志，以及路上的行人和其他车辆，提供安全性与舒适性兼顾的乘坐体验。

3. 苏州

苏州工业园区内 8.8 公里长的智能网联汽车公共测试道路，共 15 个路口，面积 2.2 平方公里，是江苏首个实现 5G 全覆盖的智能网联开放式示范区。该区域按照国家车路协同战略规划要求设计，配置多模式通信路侧设备、边缘计算、管控平台等智能设备，共有 14 个 5G 基站，平均每个基站的覆盖半径为 200 米至 300 米，可以实现复杂环境下的智能网联汽车测试。

相城区智能网联汽车示范应用基地已通过认定的公共测试道路，总长度 8.4 公里，共 13 个交叉路口，具备长直道、弯曲路、交通枢纽道路等真实城市测试车道环境，可满足自动驾驶车辆 27 项子测试项目和 65 项测试场景需求。所有交叉路口配置毫米波雷达、激光雷达以及各式监控探头等感知设备，采集数据利用 5G 网络 150 Mbps 上行带宽能力，将实时路况推送给附近车辆、云控中心以及其他终端。区域级边缘计算能力达到 100 万亿次 / 秒 CPU 算力与 2880 万亿次 / 秒 GPU 算力，同时具备 50 倍的备用算力，可满足 L4 乃至后期更高级别、更复杂路况自动驾驶路测的算力需求。

4. 常熟

常熟市人民政府联合西安交通大学、中科院自动化所、长安大学和青岛智能产业技术研究院成立中国智能车综合技术研发与测试中心。该中心服务江苏省和长三角地区乘用车、商用车、环卫车在城市街区道路下的智能网联测试。长度 5 公里，占地 0.44 平方公里，交叉路口 15 个，包括定时发车巡航、到达场站、自动紧急制动、障碍物识别、交叉路口通行、C–V2X 等场景。

5. 常州

国家智能交通测试及应用推广基地（常州）建设"国家智能商用车质量监督检验中心"，是交通运输行业除北京通州之外的第 2 家汽车领域国家级检测中心，也是在智能商用车领域唯一一家国家级检测中心。检验中心已在泰兴规划建设 2000 亩封闭测试场，一期 600 亩已建成。在常州建设 1 平方公里半开放测试场和 3 平方公里开放测试场。部署 V2X 车载及路侧设备、可变情报板、智能信号机、环境监测等智能化设备，重点围绕公交车、物流车、危化品车三类重点营运车辆，打造智能网联汽车行业应用示范。

6. 盐城

中汽中心盐城汽车试验场打造国内一流面向行业的第三方技术服务平台，服务于汽车产品的定型试验、强检试验和研发试验，试验车型以乘用车为主，商用车为辅。占地约 6300 亩，是国家级机动车检测中心、工业和信息化部授权的公告检验汽车试验场、交通运输部道路运输车辆燃料消耗量检测试验场。试验道路总长 60 公里，包括最高车速达 300km/h 以上的高速环道，用于高速变向和操控体验的直径 300 米动态广场，满足高速直线竞速的长度为 2.7 公里性能路，多种弯角组合的用于车辆驾驶体验和操控状态测试的干湿操控路，同时场地建设有多种附着系数的制动路、越野跑道和疲劳测试道路等。

盐城经济技术开发区建设车路协同自动驾驶智能化城市道路"盐城智路"，一期全长约 8 公里，展现覆盖高架路、匝道、高架下辅路、十字路口等十几种复杂的车路协同自动驾驶开放道路测试环境。

第二章 车联网的技术要点

2.1 感知层技术

车联网源于对物联网这一概念的延伸，物联网的含义是以互联网为核心，物物相连组成的通信网络。车联网意义与之相似，即在通信协议和数据交互标准之下，通过现代无线通信技术，实现对交通的智能化管理，达到"车—路—人—云"的感知协同化发展。而其中的感知层为车联网的神经末梢，能够全面地感知和采集车辆以及道路的各种交通信息，为智能网联汽车的安全行驶提供及时、准确和可靠的决策依据，是5G垂直应用中十分有前景的实用型技术之一，更是实现自动驾驶甚至无人驾驶必不可少的技术支撑。感知层中的技术主要包括车辆定位技术、射频识别技术、传感器技术等，其能够感知到车辆当前位置、道路基础设施、车辆与人、车辆与车辆、道路环境、车况及控制系统等信息，从而为车辆提供原始、全面的终端信息服务。

2.1.1 定位技术的应用

只有准确知道车辆的具体位置，才能进一步实现车辆的远程监控和辅助驾驶等功能。现有智能汽车主要采用全球定位系统（Global Positioning System，GPS）或北斗导航系统进行定位或导航。同时车联网还可采用其他定位技术，例如雷达定位技术。典型的有激光雷达，如图2-1所示，在智能网联汽车中起着类似于"眼睛"的作用，能够根据扫描到的点云数据快速绘制3D全景地图。智能网联汽车通过激光雷达对周边环境进行

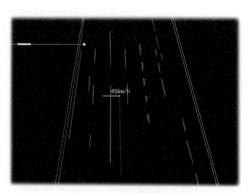

图 2-1 激光雷达定位

扫描识别，从而引导车辆行进，主要应用场景如高精度定位。

另外，在天气恶劣的情况下，微波雷达定位技术的性能仍能保持在比较稳定的状态，它可通过无线电波直接测量车与车之间的距离，车与行人之间的距离，以及车与其他障碍物之间的距离，准确获知车辆速度、方位等信息，如图 2-2 所示。

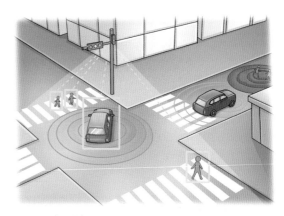

图 2-2　微波雷达定位

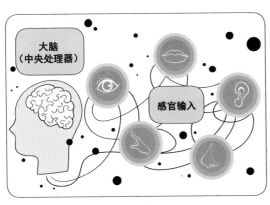

图 2-3　多传感器信息融合概念图

息处理技术的研究提供了新的思路。另一方面，因为单个传感器进行数据采集，必然会在空间或时间上出现信息采集的空缺，数据的可靠性无法得到保证，多传感器协同工作互补彼此在性能上的不足，能够进一步提升定位精准度，如图 2-4 所示。

在未来智能网联汽车的发展过程中，应用多传感器融合技术提高车辆定位精度的方式将成为趋势，如图 2-3 所示。

一方面，它从多信息的视角进行处理及综合，得到各种信息的内在联系和规律，从而剔除无用和错误的信息，保留有用和正确的成分，实现信息的优化，为智能信

图 2-4　"激光雷达＋摄像头"的融合方案

2.1.2　射频识别（RFID）的应用

射频识别（RFID）是一种非接触式的自动识别技术，属于近程通信。RFID 通过射频信号自动识别目标对象并获取相关数据，识别过程无需人工干预，可工作于各种恶劣环境。RFID 技术可识别高速运动物体并可同时识别多个标签，操作快捷方便。RFID 技术与互联网通信等技术相结合，可实现全球范围内物品跟踪与信息共享。具体应用如车辆识别，如图 2-5 所示。

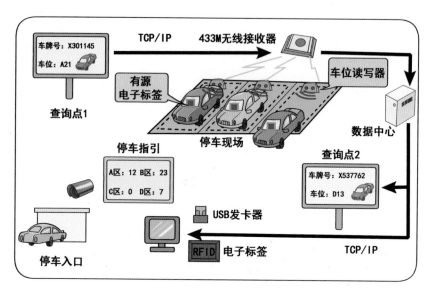

图 2-5　车辆停车识别

标签进入磁场后，接收解读器发出的射频信号，凭借感应电流所获得的能量发送出存储在芯片中的产品信息（Passive Tag，无源标签或被动标签），或者主动发送某一频率的信号（Active Tag，有源标签或主动标签）。解读器读取信息并解码后，送至中央信息系统进行有关数据处理。

在交通信息采集中，汇集节点可以安装在路边立柱、横杠等交通设施上，网关节点可以集成在交叉路口的交通信号控制器内，专用传感器终端节点可以填埋在路面下或者安装在路边，终端节点可采用非接触式地磁传感器来定时搜集和感知区域内车辆的速度、车距等信息。当车辆进入传感器监控范围后，终端节点通过磁力传感器来采集车辆的行驶速度等重要信息。多个终端节点将各自采集并初步处理后的信息通过汇集节点汇集到网关节点，并进行数据融合，获得道路车流量和车辆行驶速度等相关信息，从而为路口交通信号控制提供精确的输入信息。

车联网需要汽车与网络连接，还要求"全国一张网"，覆盖所有汽车能到达的地方，7×24小时在线，通畅快捷的信息上传下行通道，实现语音、图像、数据等多种信息传输。目前，我国三大运营商都已经建成覆盖全国的基础通信网，网络覆盖广、性能优、可靠性高。特别是5G网络的建设，能够提供宽带化的无线信息传输通道，在全国范围内更好地实现无线漫游，并可以处理图像、视频流等多种媒体形式信息，这为建设车联网提供了坚实的网络基础。

2.1.3　传感器技术

信息技术和电子技术的发展在很大程度上促进汽车电子化、智能化程度不断提高，同时5G通信的高速率、低时延、高带宽、高稳定性和高安全性等技术的蓬勃发展，使得各式各样的传感器开始出现在当今的汽车工业中，视觉传感器在整个环境感知系统中占据了非常重要的地位。

视觉传感器在智能网联汽车上的应用，主要有两大类功能，分别是感知能力和定位能力。感知能力是实现对智能网联汽车各种环境信息的感知。定位能力主要采用视觉SLAM技术，根据提前建好的地图和实时的感知结果做匹配，获取智能网联汽车的当前位置。将视觉传感器系统应用到智能网联汽车领域，会大幅度提高自动驾驶的准确性。

此外，通过机器学习的方法，智能网联汽车通过传感器可以识别在行驶途中遇到的物体，比如行人、车辆、交通信号、交通标志、车道线、道路边界和自由行驶空间等。如图2-6所示，图中不同颜色矩形框识别出来的内容即为视觉传感器感知的对象。

图2-6　视觉传感器检测效果图

智能车辆在道路上行驶离不开对车辆状态及行驶环境的感知，车辆感知技术是车联网技术发展中的关键问题，其感知能力的进步将促进车辆智能化技术的飞跃。同时，智能交通生态体系的完善，自动驾驶时代的全面到来，都离不开整体感知、定位等关键技术。

2.1.4 无线通信技术

工信部已明确 LTE-V2X 在部分高速公路和城市主要道路的覆盖，支持开展 5G-V2X 的示范应用。目前，国内外主流的车联网无线通信技术有专用短程通信技术（DSRC）及 C-V2X 两种技术路线。

DSRC 是由电气电子工程师学会（即 IEEE）制定，并且有主要车辆生产商支持的标准。该标准要求车辆安装车载单元 OBU，道路基础设施安装路侧单元 RSU，保证通信链路的低延时和低干扰，但其在高速场景、高密度场景下可靠性差，因而针对高速移动环境的 C-V2X 应运而生。C-V2X 是基于 3GPP 全球统一标准的通信技术，包含 LTE-V2X、5G-V2X 及后续演进。我国目前已经具备完善的蜂窝网络和强大的 3GPP 生态系统，C-V2X 可以有效降低未来车联网的部署成本。根据 2018 年 12 月工信部印发的《车联网（智能网联汽车）产业发展行动计划》，已经明确要实现 LTE-V2X 在部分高速公路和城市主要道路的覆盖，支持开展 5G-V2X 的示范应用。

1. DSRC 技术

DSRC（专用短程通信）是一种基于 802.11p 协议的提供数据快速传输的应用于车辆间的无线通信技术，其可以实现在特定小范围内（通常为数十米）对高速运动下的移动目标的识别和双向通信。DSRC 技术是 V2X 的重要基础之一，它提供高速的数据传输，并且能保证系统的可靠性，是专门用于车辆通信的技术。例如，车辆的车—路、车—车双向通信，实时传输图像、语音和数据等信息，将行驶车辆和道路有机连接。

早在 20 世纪 90 年代末，美、欧、日等政府基本确定了以 DSRC 技术为 V2X 的核心，进行了协议标准制定与测试工作，并划分了各国 DSRC 专用频段，这为全球 V2X 产业应用奠定了基础。

DSRC 系统结构由三部分构成，分别是车载单元 OBU（on Board unit）、路侧单元 RSU（road-side unit）、专用通信链路。OBU 是放在行驶的车辆上的嵌入式处理单元，它通过专用的通信链路依照通信协议的规定与 RSU 进行信息相互。RSU 是安装在指定地点（如车道旁边、车道上方等）固定的通信设备，它可以与不同 OBU 进行实时高效的通信，实现信息的交互，其有效的覆盖区域为 3~30m。专用通信链路是 OBU 和 RSU 保持信息交互的通道，包括下行链路和上行链路。RSU 到 OBU 的通信应用下行链路，主要实现 RSU 向 OBU 写入信息的功能。上行链路是从 OBU 到 RSU 的通信，主要实现 RSU 读取 OBU 的信息，完成车辆的自主识别功能。

DSRC 作为车联网起步早、发展相对成熟的通信技术，得到了众多国家或地区及相关研究机构的关注。但由于其技术特性还存在一定的局限，其需要进行复杂、完善的基础设施部署，并且缺乏长期技术演进路线。随着4G/5G技术的迅猛发展，考虑到移动通信技术的超大覆盖范围和稳定的通信质量，以及其明确的演进路线，利用蜂窝通信技术支持车联网应用完成数据交互的趋势愈发明确。因此，C-V2X技术得到了越来越多国家和地区的关注。

2. C-V2X技术

V2X是基于3GPP（3rd Generation Partnership Project）全球统一标准的通信技术，包含LTE-V2X和5G-V2X，是DSRC技术的有力补充。C-V2X中的C是指蜂窝（Cellular），是基于3G/4G/5G等蜂窝网通信技术演进形成的车用无线通信技术，包含了两种通信接口：一种是车、人、路之间的短距离直接通信接口（PC5），另一种是终端和基站之间通信接口（Uu），可实现长距离和更大范围的可靠通信。其借助已存在的LTE、5G网络设施来实现V2V、V2N、V2I的信息交互，该技术适应于更复杂的安全应用场景，满足低延迟、高可靠性以及带宽要求。

C-V2X可支持的工作场景既包括有蜂窝网络覆盖的场景，也包括没有蜂窝网络部署的场景。落实到具体的通信技术C-V2X可提供两种通信接口，如图2-7所示，分别称为Uu接口（蜂窝通信接口）和PC5接口（直连通信接口）。当支持C-V2X的终端设备（如车载终端、智能手机、路侧单元等）处于蜂窝网络覆盖内时，可在蜂窝网络的控制下使用Uu接口。无论是否有网络覆盖，均可以采用PC5接口进行V2X通信。C-V2X技术Uu接口和PC5接口相结合，彼此相互支撑，共同用于V2X业务传输，形成有效的冗余来保障通信可靠性。

通过对这两种通信模式的分析发现，其安全需求可以总结为网络安全、信息与数据安全及车辆身份安全。

网络安全主要是伪基站问题。攻击者通过部署虚假网络基站的方式，发射较强的无线信号吸引车载终端选择并接入，造成车联网终端的网络数据连接中断，直接危害车联网业务安全。因此，接入过程中，车联网终端与运营商移动网络之间应支持双向认证，确认对方身份的合法性，从而保证了车联网终端网络接入的安全性。

信息与数据安全主要是信息数据的完整性、保密性和可溯源性等。攻击者可以利用Uu接口或PC5/V5接口的开放性恶意发布虚假交通信息、窃听或者篡改网络上传输的数据信息等，从而影响车联网业务安全。这样，车联网终端与应用服务器，或者车联网终端与车联网终端之间的信息传输，就需要对消息来源进行认证，对消息的完整性与机密性进行保护，防止消息被伪造、篡改和窃听，确保 C-V2X 车联网信息传输安全。

车辆身份安全主要是假冒车载终端及车辆隐私信息（如车辆标识、状态、位置等）泄漏问题。攻击者可以利用认证系统的漏洞，利用非法终端冒充合法终端身份，接入网络并获取相应的服务，甚至是假冒合法终端身份，发布虚假的业务数据信息。另外，对于广播业务来说，车辆标识、位置等敏感信息会被周围其他车载终端获取，进而造成车辆身份、位置等隐私信息泄露，严重时可导致车辆被非法跟踪，威胁到车辆内用户的人身安全。为了防止车辆隐私信息的泄露，车联网终端在广播业务时需要隐藏或匿名身份标识信息。

因此，C-V2X 车联网需要通过密码与身份认证等技术来保障其安全通信。

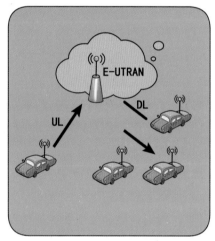

图 2-7　C-V2X 通信接口

2.2　网络层技术

2.2.1　网络层框架

基于 LTE 的车联网无线通信技术的网络层技术要求包括短消息协议、应用注册、业务管理以及业务公告，具体网络层框架如图 2-8 所示。

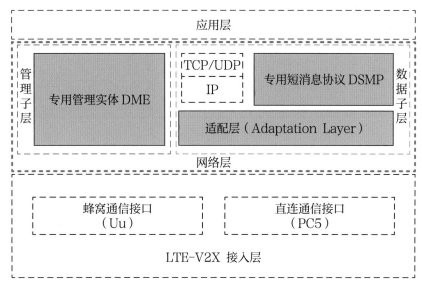

图 2-8　LTE-V2X 网络层框架

该网络层位于应用层之下和接入层之上，可支持基于 Uu 接口和 PC5 接口的接入层传输技术。网络层由数据子层和管理子层两部分组成。数据子层主要包括适配层、IP 和 TCP/UDP、DSMP 等协议，其中 IP 协议和 DSMP 协议均为可选。数据子层既承载应用层间的业务数据，也承载不同设备管理层实体之间的管理数据以及管理层实体与应用间的管理数据。管理子层主要完成系统配置和维护等功能，DME 是管理业务的通用集合，为所有数据子层的实体提供管理接口。

2.2.2　数据子层技术要求

数据子层包括适配层协议、DSMP 协议和通用的互联网 IP、TCP/UDP 协议。

适配层提供底层接入技术与上层协议栈之间的传输适配功能，即接收上层的 IP、DSMP、DME 数据包，分别发送至相应的底层处理和传输，接收底层的数据包，根据协议类型分发给 IP 协议栈、DSMP 协议栈或 DME 协议栈进行相应的处理。适配层还承担如下功能：

①应用标识与目标层二标识之间的映射；

②源层二标识的产生、改变、维持；

③单播 / 组播地址与层二标识之间的映射；

④消息优先级和邻近业务数据包优先级（PPPP）之间的映射；

⑤ PPPP 到数据包时延预算（PDB）的映射；

⑥向底层指示业务周期；

⑦向上层指示信道忙率或最大数据速率等。

DSMP 是 Dedicated Short Message Protocol（专用短消息协议）的首字母缩写。DSMP 实体负责将应用层数据包加上 DSMP 头部字段后交给底层，或者对底层上传的 DSMP 包的头部字段解析后，提取应用层感兴趣的消息传输到应用层。DSMP 头部包含 DSMP 的版本信息、应用标识信息、应用层数据的长度信息，还可以添加扩展字段，携带多种扩展信息的类型标识和信息内容。其中应用标识 AID 用于标识不同的应用层业务，它采用 p-encoding 方式编码，接收端 DSMP 层根据接收报文中的 AID 是否是其应用层感兴趣的 AID 决定上传该报文或丢弃该报文。在车联网中，PC5 接口采用 DSMP 报文传输，用于发送端和接收端的短距离直接通信。该方式具有传输速度快、时延低的优点，常用于对安全性要求较高的车联网应用场景中的报文传输。

IP、TCP 和 UDP 属于 TCP/IP 协议簇。IP 层位于 TCP/IP 协议的第三层即网络层，在 TCP/IP 协议中网络层可以进行网络连接的建立和终止以及 IP 地址的寻找等功能。TCP 和 UDP 位于 TCP/IP 协议的第二层即传输层，传输层负责对报文进行分组和重组，并以 TCP 或 UDP 协议格式封装报文。其中 TCP 是一种面向连接的、可靠的、基于字节流的传输层通信协议，UDP 是一种无连接的、不可靠的、基于报文的传输层通信协议。在车联网中，Uu 接口采用 TCP/UDP 方式传输应用层报文，目前可用于车联网应用场景中对时延要求不高的报文传输。随着 5G 技术的到来，Uu 接口的速度会有很大提高，对车联网应用场景的支持会越来越好。

2.2.3 管理子层技术要求

管理子层负责完成系统的配置和维护功能，包括应用注册、服务管理、MIB 维护和业务公告等。

应用注册功能指在使用管理子层业务前，应用需要先在 DME 处注册，DME 根据应用的注册信息将接收到的消息发送到对应的应用。

服务管理属于设备内部操作，当某个应用向 DME 发出使用服务的请求，DME 便会初始化被请求的服务。服务请求的主要形式包括提供者服务请求、用户服务请求、短消息服务请求。

MIB 是管理信息库（Management Information Base）的首字母缩写。MIB 负责管理维护基于 LTE 的车联网无线通信技术模块的应用配置及状态信息。DME 通过指定的信令设置、查询 MIB 信息。DME 接收到一个来自应用的服务请求消息后，会在 MIB 中建立一个对应该服务的 MIB 信息表，该表包含该应用的配置及状态信息，服务的数据传输环境配置基于该状态信息。

业务公告，即基于 LTE 的车联网无线通信技术专用业务公告（Dedicated Service Advertisement，DSA），是一种特殊的 DSM 报文。该 DSM 报文中的应用标识为专用的应用标识取值，而该报文中的数据字段即为 DSA 帧全部内容。DSA 帧包括帧头和应用信息。DSA 帧可承载对外公告的多种扩展信息。

2.2.4　接入点及服务原语

在同一开放系统中，（N+1）实体向 N 实体请求服务时，服务用户和服务提供者之间要进行交互，交互信息称为服务原语。通过服务原语能实现服务提供者和服务用户之间的交流。服务原语由服务动作和原语类型两部分组成。服务原语具有 4 种基本类型，包括请求、指示、响应和确认。

如图 2-9 所示，当接入层采用 PC5 接口时，网络层服务存在图中标注的接入点（Service Access Point，SAP）。

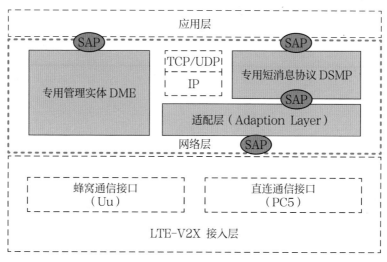

图 2-9　基于 LTE 的车联网无线通信技术网络层服务接入点

2.3　应用层技术

随着 5G 通信、云平台计算、大数据、人工智能等新一代技术和汽车产业的深度融合，汽车的智能化水平也在不断提高，为用户提供安全、舒适、智能、高效的驾驶感受与交通服务，同时提高交通运行效率，提升社会交通服务的智能化水平。如图 2-10 所示，通过让汽车搭载先进的车载传感器、控制器、执行器等装置，实现车、路、人、云、端等智能信息的交换共享，提升汽车智能化水平和自动驾驶能力，进而推动自动驾驶应用的规划化普及，实现"安全、高效、舒适、节能"行驶。

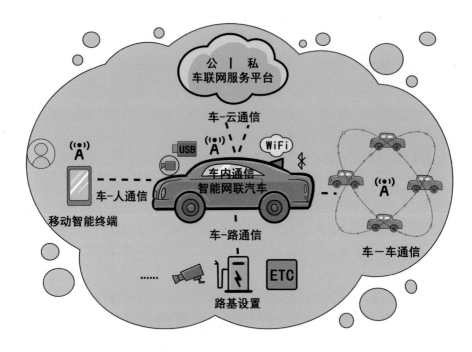

图 2-10 V2X 概述图

车联网技术是在道路交通基础设施日益完善和车流量日益增加的交通背景下提出的，仍处于初步发展阶段，目前已经形成三大基本体系结构，分别为采集层、网络层和应用层。

得益于高精度传感器的发展以及 5G 通信的高速率、低时延、高带宽、高稳定性和高安全性等技术特性，车联网技术有了新的飞跃，同时也促进了车联网技术多个应用层面的发展。

2.3.1 先进驾驶辅助系统的应用

先进驾驶辅助系统（Advanced Driver Assistance Systems，简称 ADAS），又称为高级驾驶辅助系统，是指利用安装在车辆上的传感器、通信、决策及执行等装置，监测驾驶人、车辆及其行驶环境，并通过影像、灯光、声音、触觉提示来辅助驾驶员执行驾驶任务或主动避免和减轻碰撞危害，如

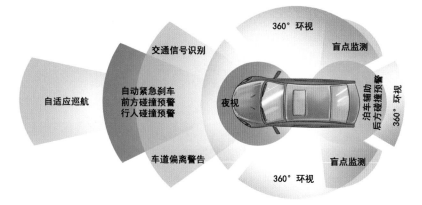

图 2-11 　汽车辅助驾驶系统概述图

图 2-11 所示。

　　车道偏离预警系统（Lane Departure Warning System，LDWS）主要由 HUD 抬头显示器、摄像头、控制器以及传感器组成，用于监测车道线和本车的相对位置。当车道偏离系统开启时，摄像头（一般安置在车身侧面或后视镜位置）会时刻采集行驶车道的标识线，通过图像处理获得汽车在当前车道中的位置参数，当检测到汽车偏离车道时，传感器会及时收集车辆数据和驾驶员的操作状态，之后由控制器发出警报信号，给予驾驶人提醒（通过蜂鸣器、方向盘振动、LCD 显示等），促使驾驶人保持在原来的行驶车道内，避免交通事故的发生。整个过程大约在 0.5 秒完成，为驾驶者提供更多的反应时间，而如果驾驶者打开转向灯，正常进行变线行驶，那么车道偏离预警系统不会做出任何提示。

　　目前，各厂商所配备的车道偏离预警系统均基于视觉（摄像头）方式采集数据的基础上研发，但它们在雨雪天气或能见度不高的路面时，采集车道标识线的准确度会下降。那么为了解决这个难题，聪明的技术工程师开发了红外线传感器的采集方式，其一般安置在前保险杠两侧，并通过红外线收集信号来分析路面状况，即使在恶劣环境的路面，也能识别车道标志线，便于在任何环境的路况下均能及时提醒驾驶员汽车道路偏离状态。

图 2-12 　车辆检测到路线偏离时发出提示

车道偏离预警系统工作示意图如图 2-12 所示。

疲劳驾驶监测系统（Driver Fatigue Monitor System，DFMS）是通过检测驾驶人面部特征信息、对车辆的操纵行为、驾驶人的生理信号等对驾驶人疲劳状态判断，监视并提醒驾驶人自身的疲劳状态，减少驾驶人疲劳驾驶的潜在危害。驾驶员状态监测系统通过摄像头、红外照明确定驾驶员目光的方向、双眼的闭合程度以及头部的位置和角度。系统根据这些数据分析驾驶员的状态，一旦驾驶人出现注意力不集中或疲劳驾驶的情况，安全辅助系统会立即启动。同时监测系统自身会通过人脸图像训练不断提升识别的准确度，驾驶员驾驶的时间越久，系统识别的准确度越高。

另外一些汽车装备的疲劳监测系统被称为"疲劳识别系统"（它从驾驶开始时便对驾驶员的操作行为进行记录）并能够通过识别长途旅行中驾驶操作的变化对驾驶员的疲劳程度进行判断，如图 2-13 所示。驾驶员转向操作频率变低，并伴随轻微但急骤的转向动作以保持行驶方向是驾驶精力不集中的典型表现。根据以上动作的出现频率，并综合诸如旅途长度、转向灯使用情况、驾驶时间等其他参数，系统对驾驶员的疲劳程度进行计算和鉴别，如果计算结果超过某一定值，仪表盘上就会闪烁一个咖啡杯的图案，提示驾驶员需要休息。驾驶员疲劳识别系统将驾驶员注意力集中程度作为衡量驾驶员驾驶状态的重要考虑因素，以致力于道路安全的提高。此外，只要打开疲劳识别系统，无论系统是否进行监测，系统每隔 4 小时都会提醒驾驶员需要休息了。

图 2-13　驾驶状态监测系统

2.3.2　无人驾驶应用

在高级辅助驾驶的基础上，我们进一步实现了无人驾驶的应用，其中 5G 网络具有稳定可靠、低时延的特点，使得车辆与其他通信设备可以实时互动，实现交互式感知，为无人驾驶技术的安全可靠提供基础支持。在自动驾驶的一些应用场景中，比如自动超车、协作式避免碰撞、车辆编队行驶等，都需要 5G 技术的高可靠性和低延时性作为基础。无人驾驶技术依靠人工智能、视觉计算、雷达、监控装置和全球定位系统协同合作，让计算机可以在没有任何人类主动的操作下，自动安全地操作机动车辆。

无人驾驶技术包括视频摄像头、雷达传感器以及激光测距器来了解周围的交通状况，并通过一个详尽的地图（即有人驾驶汽车采集的地图）对前方的道路进行导航。这一切都通过数据中心来实现，数据中心能处理汽车收集的有关周围地形的大量信息。

许多车场据自动化水平的高低区分了四个无人驾驶的阶段：驾驶辅助、部分自动化、高度自动化、完全自动化。

驾驶辅助系统（DAS）：目的是为驾驶者提供协助，包括提供重要或有益的驾驶相关信息，以及在形势开始变得危急的时候发出明确而简洁的警告。如"车道偏离警告"（LDW）系统等。

部分自动化系统：在驾驶者收到警告却未能及时采取相应行动时能够自动进行干预的系统，如"自动紧急制动"（AEB）系统和"应急车道辅助"（ELA）系统等。

高度自动化系统：能够在或长或短的时间段内代替驾驶者承担操控车辆的职责，但是仍需驾驶者对驾驶活动进行监控的系统。

完全自动化系统：可无人驾驶车辆、允许车内所有乘员从事其他活动且无需进行监控的系统。这种自动化水平允许乘员从事计算机工作、休息和睡眠以及其他娱乐等活动，如图 2-14 所示。

图 2-14　汽车的全自动无人驾驶

无人驾驶汽车对社会、驾驶员和行人均有益处。无人驾驶汽车的交通事故发生率几乎可以下降至零，即使受其他汽车交通事故的干扰，无人驾驶汽车市场份额的高速增长也会使整体交通事故发生率稳步下降。无人驾驶汽车的行驶模式更加节能高效，因此交通拥堵及对空气的污染将得以减弱。

自动化汽车可以节省数千亿美元的交通事故成本，交通拥堵成本以及运输过程中以人力提高生产力的成本。其中如图 2-15 所示，

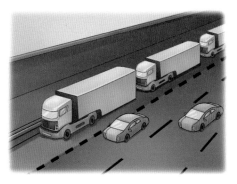

图 2-15　货车编队行驶

货车编队行驶（Truck Platooning）状态可以在节省油耗的同时更高效地完成货物运输，减少驾驶员疲劳驾驶等情况带来的事故风险，也可释放更多车道，缓解交通压力。

2.3.3　道路交通管理应用

在道路交通管理应用方面，5G 网络的高速率传输可以实现实时道路交通路况播报，使道路交通管理更加快捷灵活，也促使道路上的收费站、监控设备、电子公告栏等系统的智能化运作。同时，通过 5G 网络将信息快速传输至后台网络，实时汇总收集车辆、路况和天气等信息，在车辆之间进行信息交互，为用户提供最优路段行驶，使车辆做出正确、快速的反应，大大减少交通拥堵情况的发生。滴滴公司道路交通大数据管理平台如图 2-16 所示。

图 2-16　滴滴公司大数据管理平台

2.3.4　事故紧急救援的应用

图 2-17　通用汽车公司"安吉星"车联平台

目前车辆所配备的道路救援系统包括车况检测系统和定位系统，在发生紧急突发事件时，车辆内置传感器可以检测到车况受损情况，快速通过车载设备进行消息互传，自动将消息发送到救援指挥中心。指挥中心收到求救信息后立即呼叫车内驾驶员，并快速进行定位分析周围路况信息，及时通知附近车辆周围的异常信息，并将相关信息传递给救援人员在第一时间完成救援活动，及时挽回事故造成的损失。例如，通用汽车公司"安吉星"车联平台如图2-17所示。

智能交通体系的完善，自动驾驶时代的全面到来，都离不开车联网技术的创新和突破。近年来国内汽车发展逐渐趋向电动化和智能化，相信不久的将来车联网生态的应用场景将会得到更加广泛的延伸。

2.4 网络安全技术

车联网是新一代网络通信技术与汽车、电子、道路交通运输等领域深度融合的新兴产业形态，让汽车搭载先进的车载传感器、控制器、执行器等装置，实现车与车、路、人、云、端等智能信息的交换共享，具备复杂环境感知、智能决策、协同控制等功能，实现"安全、高效、舒适、节能"行驶。我们知道车联网具有较高的时效性和安全性要求，

图 2-18 汽车网络安全

因此如何确保车联网的信息安全问题在智能交通领域具有很重要的研究价值和研究意义。随着车联网应用范围的不断扩大，那么车联网所面临的安全攻击种类也就相应增多。随着汽车电动化、网联化、智能化交融发展，车辆运行安全、数据安全和网络安全风险交织叠加，安全形势更加复杂严峻，亟需加快建立健全的车联网网络安全和数据安全保障体系，为车联网产业安全健康发展提供支撑，如图2-18所示。

在自动驾驶汽车生态系统中包含许多的参与者，车联网产业链涉及终端设备、通信设备以及云端管理和服务平台，涉及的厂商有元器件供应商、设备生产商、整车厂商、软硬件技术提供商、通信服务商、信息服务提供商等，包括控制安全、数据安全、功能安全等各个方面，其产业链相对来说较长，车联网安全问题相对比较复杂，许多公司都在这个生态系统内工作，提供如自动驾驶出租车用例图等，优化公共交通，提供运送服务或将万物融入智慧城市的生态系统中。简单来说，这一切都与软件、数据和人工智能有关。

2022年3月，工信部发布《车联网网络安全和数据安全标准体系建设指南》中提出，到2023年底，初步构建起车联网网络安全和数据安全标准

体系，重点研究基础共性、终端与设施网络安全、网联通信安全、数据安全、应用服务安全、安全保障与支撑等标准，完成 50 项以上急需标准的研制；到 2025 年，形成较为完善的车联网网络安全和数据安全标准体系，完成 100 项以上标准的研制，提升标准对细分领域的覆盖程度，加强标准服务能力，提高标准应用水平，支撑车联网产业安全健康发展。

2.4.1 车联网安全问题

车联网环境下，汽车的节点收集了用户的信息、汽车运行状态信息、汽车地理位置信息。汽车作为和其他汽车、路边基础设施、信息服务中心的通信节点，将会接收汽车周围的环境信息以及信息服务中心给汽车的指令。汽车一旦受到第三方攻击，那么原本车联网给汽车带来的所有新的服务将成为第三方侵犯用户、汽车运营商、汽车生产商甚至国家安全的途径。车联网的网络安全问题是如今阻碍车联网发展的主要问题之一，研究表明车联网主要面临的安全威胁包括车域网安全威胁、车载自组网安全威胁、车载移动互联网安全威胁和数据泄露威胁，具体如图 2-19 所示。

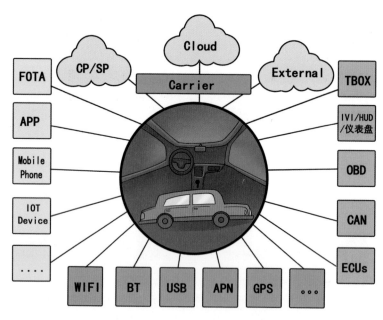

图 2-19　汽车安全问题分析

（一）车域网安全威胁

1. 车辆定位安全威胁

车辆定位是车联网的关键技术之一，车联网的大量应用都与位置信息有关，尤其是车速、加速度、运行方向等涉及车辆运行安全的信息必须与特定的车辆及其当前位置相关，没有准确位置信息的监测数据不但没有应用价值，而且会为车联网带来安全隐患。因此，车辆定位技术是车联网技术发展的基础。参与车联网定位的节点分为已知其位置信息的信标（Beacon）节点和未知其位置信息的未知（Unknown）节点两类，其中分布在道路两侧的RSU（Road Side Unit，路侧单元）多为通过GPS等方式精确定位的信标节点，而行驶在道路上的车辆多为未知节点。由于车辆运行在空旷的交通环境中，攻击节点可以入侵车联网，破坏定位模块的正常功能。同时，由于定位系统多利用无线通信所具有的信号传输延时、角度、功耗、相位差等物理属性和特征，以及信息在不同节点间转发的跳数来确定节点的位置关系，然而攻击者可以利用无线通信的开放性随意地侦听网络中的信息并进行伪造，或者将自己扮演为信标节点发送虚假定位参照信息来误导未知节点。其中，虫洞攻击是一种典型的适用于车联网环境的攻击方法，它不仅通过扰乱节点之间的正常跳数产生错误的定位信息，而且利用篡改、选择性地转发接收到的信息，破坏网络中正常传输的数据。

2. 传感器网络安全威胁

与无线传感器网络（Wireless Sensor Networks，WSN）不同的是，车域网（VehiclesAreaNetwork，VAN）中的传感器网络是由性能与功能不同的传感器组成的分层传感器网络，而且传感器之间多采用有线或集成方式连接，属于静态传感器网络。为此，在研究VAN中传感器网络的安全时，不再受计算能力、功耗、存储空间和通信能力等硬件资源的影响，一些经典的密码算法、密钥管理、身份认证、入侵检测等安全技术可直接应用其中，提高了系统的安全防范能力。在车联网中，单一数量和功能的传感器提供的信息已无法满足其应用需求，必须同时运用包括压力、温度、湿度、速度、红外、激光等不同功能的多种传感器，并将其集成起来提供多种感知数据，通过优化处理获得车辆的特定状态信息，再经综合分析后，为车联网应用提供信息依据。为此，在VAN的传感器网络研究中，重点应放在对不同传感器数据的安全融合上。在由分层静态传感器网络的数据融合操作中，根据系统的要求，数据融合节点（AggregatorNode）从各传感器节点（GeneralNode）收集所需的数据，并进行融合操作，然后将融合后的数据提交给相应的应用系统或上层通信设备。数据融合可有效降低系统的通信开销，但也会因攻击而带来安全隐患，主要表现为：一是攻击者入侵数据融合节点或将自己冒充为数据融合节点，修改数据融合的规则或策略，从而产生错误的融合后的数据并将其发送给应用系统或上层设备；二是攻击者在入侵传感器节点或将自己冒充为合法的传感器节点后，向数据融合节点故意发送错误信息。以上两种方式，都会破坏传感器网络的数据融合规则，形成错误或虚假的"感知"信息，使车联网已有的安全机制失效，产生严重的安全后果。

3. 车内通信安全威胁

车联网是一个复杂的集信息感知、融合、交互于一体的信息系统，就VAN 内部的通信而言，不同功能的设备设施及模块之间频繁地进行信息的交换和处理，同时内部设备还需要通过车载通信网关实现与外部网络的连接。根据安全防御要求，可根据不同的安全等级将 VAN 内部的通信划分为多个不同的安全域，其中有些仅允许内部数据交换的域与可访问外网的域之间需要实现严格的物理隔离，而有些域之间只允许用户数据从高安全域单向传输到低安全域，反之不然。通过这种域间控制机制，实现通信的可靠性。但是，攻击者也可以冒充为高安全域中的成员去控制低安全域中的节点，从而形成一个隐蔽通道来破坏原有的安全机制。为此，如何消除潜在的隐蔽通道安全威胁，实现不同等级安全域之间可靠的数据传输，是 VAN 安全需要解决的问题。针对此问题，传统网络中的物理隔离技术和基于数据过滤、数据流控制、协议转换、虚拟机等方式的逻辑隔离技术，可以迁移到 VAN 的安全通信中。

4. 电子车牌安全威胁

车辆的注册管理一直是交通管理部门的工作重点，也是车联网需要实现的重要功能。其中，车牌管理通过对车辆分配一个唯一的身份标识（Identity，ID），实现对车辆从注册、安检、违章处理到报废等一系列环节的过程管理，解决车辆管理中存在的黑车、套牌车、肇事车逃逸、车牌伪造等违法问题。电子车牌面临的安全问题主要有：拆除或物理损坏电子标签、标签内容篡改、非法读取标签信息、伪造标签等。从技术上讲，电子标签与读写器之间的通信是非接触式的，两者之间的身份认证和数据加密机制也存在被攻击的风险，存在信息被非法读取或泄露的可能。即使是长期存储在标签和后台数据库中以及临时存储在读写器中的与车牌相关的信息，也同样会受到攻击。另外，利用标签中车辆 ID 唯一性进行的对车辆的跟踪和定位，导致用户隐私的泄露。即使在加密系统中无法知道标签中包含的具体内容，但通过固定的加密信息仍然可以对标签进行跟踪和定位。

5. 网络通信

汽车智能化强度依赖于数字交通信号的传输，可能会面临接触设备故障、无网络覆盖及网络中断三大通信风险，接触设备故障指的是恶劣天气打坏车顶的传感器，或者是传感器无法识别积雪道路等。无网络覆盖指的是汽车进入山区或者遇到暴雨天气，通信网络覆盖及传输不到的情况。网络中断指的是车载终端与远程云端通信时，因局部电源、信号导线等故障引发的临时性网络中断。

（二）车载自组网安全威胁

黑客攻击是对车载自组网安全威胁最大的因素，具体可分为接触式攻击、非接触性攻击和后装产品攻击三大类。常见的接触式攻击为OBD车辆诊断攻击。非接触式攻击则有云端服务攻击、TPMS攻击和无钥匙启动系统三种。后装产品攻击则是通过车辆下载互联网应用产品攻击，如WIFI网络、蓝牙、移动APP等软件应用，如图2-20所示。

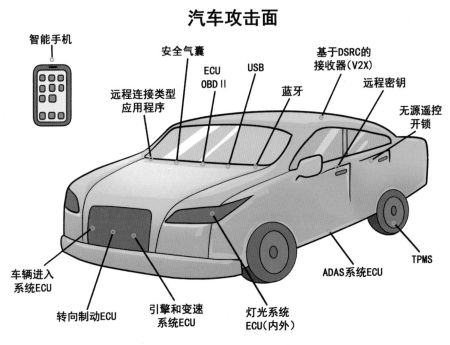

图2-20　汽车安全威胁类型

①在应用层上，不法分子可以通过路边单元（RSU）侵入云服务器，来获取汽车的信息数据和地理位置，甚至可以通过云端向汽车发送控制指令，干扰汽车的正常行驶。

②在网络层上，攻击者能够利用IP欺骗或MAC欺骗等非法方式来获取篡改汽车传输的重要数据，也能够利用DOS攻击消耗网络资源来致使汽车

网络瘫痪。

③在感知层上，黑客可以利用车辆的无线传感器攻击轮胎的压力监测系统，对车辆进行追踪定位或者扰乱正常驾驶。

1. 干扰攻击

VANET（VehicularAd-hocNetwork，车辆自组织网络）安全威胁既有来自外界的入侵，又有来自内部的攻击，安全问题较为复杂。干扰攻击是一种基于无线通信物理层所提供的频率选择、信道侦听、调制和数据收发等功能而产生的攻击方式。误码率高、传输带宽有限、通信质量无法得到保障和系统的安全性较差是无线信道的固有特征。在车载自组网中，车辆间以无线方式随机接入或离开网络，并共享无线信道。攻击者可以向特定区域发射大功率干扰信号，扰乱车辆之间的正常通信，使信号收发节点失去正常的信号收发能力，从而形成频谱干扰（SpectrumJamming）攻击。

频谱干扰攻击的一般实现方法是攻击者在感知到网络中的通信行为时，在授权频段内通过提高自己的功率谱密度（PowerSpectrumDensity，PSD）来产生和发送连续的大功率无线信号，从而阻断正常的通信。当节点要发送数据时，因信道繁忙而无法获得对信道的有效利用，而节点要接收数据时，接收节点也会因大量来自攻击的无线信号而被湮灭其中。在车联网中，车辆之间必须频繁交换各类实时感知信息，才能为车辆行驶安全做出相应的判断和决策，而一旦这些信息无法在节点间正常传输或传输时出现错误，则会引起车辆间通信的混乱，甚至产生安全事故。频谱干扰攻击是一种典型的物理层DoS攻击。

2. 虚假信息攻击

虚假信息攻击是借助VANET中节点之间共享开放信道的特点而实现的一种主动攻击方式。在VANET中，当攻击者一旦捕获共享信道所在的频段后，就可以冒充为合法的车联网节点，向网络中发送虚假信息，也可以篡改、延迟转发或丢弃接收后需要转发的信息，从而实现攻击目的。安全是车联网技术能否从理论走向应用、从实验室走向大范围部署的关键。行车安全依赖于车联网中大量节点之间的协作，需要各节点之间能够实时交换信息，并确保数据传输的真实性、完整性和可用性。为此，VANET需要能够同时抵御内外网络的安全威胁，形成一个可信、可控、可管的高度协作的网络环境。

3. 隧道攻击

隧道攻击是指网络中的恶意节点通过创建隐蔽通信通道，以此来隐瞒节点之间的真实路径，使路由选择、节点定位等涉及路径信息的算法，因所获得信息的虚假性而失效。恶意攻击节点A与B之间建有一条隐蔽通道，利用该隐蔽通道攻击节点可吸纳周边节点的数据流量，而忽略"车辆 A"节点的存在，由于部分真实节点被忽略，破坏了网络拓扑的真实性，使基于拓扑的通信协作和算法在执行过程中出现错误。

主动攻击和被动攻击的特点在隧道攻击过程中同时得到体现，恶意节点间通过相互的配合构建隐蔽通道，实现对路由的重定向，其他的攻击手段也可以利用已创建的隧道发起新的攻击。隧道攻击的实现过程，从监听网络可用频段到攻击同伴的产生，整个过程完全依赖于正常的网络协议来实现，并不篡改其他节点的信息，而是利用自己的隧道资源优势引诱其他节点的路径选择。在车联网中，隧道攻击主要存在于物理层和网络层，其特点是都会误导信息的传输路径，导致车辆间相对位置判断的错误，使行车安全遭受破坏。

（三）车载移动互联网安全威胁

1. 车载操作系统安全威胁

操作系统移植中存在的安全威胁。目前，车载操作系统也多移植于智能移动终端的操作系统，主要有苹果公司的 iOS 和 Google 的 Android。由于 iOS 是一个系统级服务有限的相对封闭的操作系统，所以其安全性较好，受攻击的面较小。而 Android 是一个相对开放的半开源操作系统，虽然操作系统的核心代码是开源的，底层服务也是开放的，但第三方基于开源系统和开放平台开发的应用一般是不开源的，导致软件漏洞和后门大量存在，安全事件频发，安全威胁较大。

软件"越狱"带来的安全风险威胁。软件"越狱"是指绕过苹果公司对其操作系统 iOS 施加的很多限制，从而可以获得设备 root 权限访问底层服务的技术手段。设备"越狱"后，用户从苹果 AppStore 以外的商店下载其他非官方的应用程序或者自行安装和订制应用，开发者可以在不受 AppStore 严格审核的情况下访问系统资源、使用私有应用程序编程接口、修改系统特性等，进而实现对短信、通话及电子邮件的拦截，GPS 后台跟踪，后台录音等操作，给行车安全和用户信息安全带来极大的隐患。

操作系统"刷机"带来的安全风险威胁。"刷机"即对设备更换固件（即 ROM），目前多用于智能手机等移动终端设备。"刷机"后有可能带来设备运行不稳定、死机、功能失效等后果，当使用来路不明或事先设置了安全后门的 ROM 时，便会带来很大的安全问题。

外部通信接口带来的安全威胁。车联网中的外部通信接口主要是车载通信安全网关，在与外部进行数据交换时，一方面要防止内部信息的泄露，另一方面还要防止外部网络中的病毒侵入内部网络。另外，还有软件升级过程中带来的安全隐患，用户非授权访问等安全问题。

2. 应用软件安全威胁

病毒的侵入。虽然车载智能终端不像智能手机、平面电脑那样受计算和存储能力的限制，但与传统互联网中的计算机相比，车联网中车载智能终端防范病毒入侵和防御外界攻击的能力相对有限，复杂的加密算法和运行机制很难取得预期的效果，对于庞大病毒库的更新与维护相对困难。

云计算环境中的数据安全。由于云计算所具有的按需使用、易拓展、高效利用等特征，大大增加了在车联网应用中的灵活性。云计算是一个由多个单一安全域通过轻耦合方式联合而成的逻辑安全域，云计算所具有的可扩展性、开放性和管理的复杂性，使访问控制变得非常繁杂，传统单一安全域中的访问控制模型和机制无法解决多域环境中可能出现的安全威胁。所以云计算的应用必须解决跨域认证、授权和操作中带来的安全问题。除此之外，传统网络的安全也在影响着云计算环境中用户数据的安全。

专业应用安全。专业应用安全中最典型的是定位软件的安全。由于定位信息不仅仅涉及用户的个人隐私，还涉及行车安全，所以成为木马攻击的主要目标之一。当木马侵入车辆定位软件后，会在后台运行并收集用户的地理位置等敏感信息，并在用户完全不知情的情况下泄露出去。在这种情况下，定位软件就像一个隐藏的间谍，其存在对个人信息和行车安全来说无疑是一种威胁。

3. 接入网安全威胁

接入网负责将车辆节点连接到核心网络以获得相应的服务，它是车联网的重要信息基础设施。根据信号覆盖范围的不同，车联网中的接入网可以分为卫星通信网络、蜂窝网络（2G/3G/4G）、无线城域网（如 WiMax）、无线局域网（WLAN）、无线个域网（如红外、蓝牙等）等方式。接入网主要面临以下几个方面的安全威胁。

各种接入网络之间的泛在互联，需要异构网络之间的耦合。例如，3G 与 WLAN 在耦合时需要通过接入网关将 WLAN 中的 AP 接入 3G 网络，WLAN 中的用户共享 3G 网络系统提供的身份认证、资源授权和计费等功能。在这一过程中，相对安全的 3G 网络需要向 WLAN 开放网络接口，其安全性将会受到威胁。在不同架构的网络耦合过程中，各类专用接入网关扮演着异构网络之间的用户与资源管理和数据转换等角色，网关自身的安全性也在很大程度上决定着车联网的安全性。

同时，任何一个多用户系统都涉及身份认证和资源授权问题。在传统的单一安全域中，一般都存在技术上成熟的用户和资源管理模式来负责协调管理本域中的不同应用系统，如基于单点登录（SingleSignOn，SSO）的统一身份认证系统实现了用户在一个安全域内的一次登录多次访问能力。在车联网环境中同一车辆节点需要同时访问多个相对独立的应用系统，应用系统多属于不同的安全域，多数访问需要跨域进行，因而需要一个统一身份认证（也称为"联邦身份认证"）中心负责对逻辑安全域中的用户身份和资源授权进行统一管理。但是，因不同域间的轻耦合性而导致的安全边界的不稳定性和模糊性，大大增加了车联网中对数据安全和用户隐私保护的难度，传统单一安全域中的安全机制在其可扩展性和资源按需分配方面无法满足多域环境下的需求，并暴露出一些安全问题。

4. 应用安全威胁

数据的非法访问是应用安全威胁的其中一个体现，数据的非法访问是指对数据的非授权或越权访问，破坏了数据的保密性和完整性。非法访问一般通过扫描、黑客程序、隐蔽通道、远端操纵、密码攻击等手段，窃取或截获用户账号和口令等信息，寻找网络安全弱点，窃取系统管理员权限或将普通用户的权限提升为管理员权限，窃取网络中传输或存储的非公开数据，破坏、修改正常数据，设置非法程序，使系统无法为合法用户提供服务。对用户隐私信息的不规范甚至是非法使用，不仅会侵犯个人隐私，而且有可能助长以用户信息为牟利点的地下黑色产业链，严重影响车联网技术的应用和发展。

轨迹隐私泄露在应用安全威胁中也占据着很大的一部分，车联网中，车辆随时随地接入互联网，车辆信息具备时间和空间上的连续性和关联性，形成了逻辑上非常明晰的关联，将这种关联称为轨迹。由于车辆的运行轨迹中包含着或者可以推导出内容丰富的敏感信息（例如什么时间去过什么地方、驾驶者的生活习惯及健康状况等），所以攻击者可以收集丰富的、细粒度的车辆轨迹信息，并经分析获得用户的隐私。

随着信息时代的到来，车辆大数据安全在应用安全威胁中的地位更加的突出，车辆大数据源于移动通信和传感设备的广泛使用，而移动通信和传感设备正是车联网的应用核心。由于车联网中研究的主要对象是车辆，原始数据也主要由车辆直接产生，为此将车联网中与车辆相关的数据理解为车辆大数据。根据已有的研究，对大数据提出了称为 5V 的 5 个基本特征，即体量大（volume）、产生速度快（velocity）、模态多（variety）、识别难度大（veracity）和价值密度低（value）。其中，车辆大数据中最大的特点是体量大、产生速度快和模态多，体量大是由车联网的规模决定的，而产生速度快是由车联网中行驶的安全性决定的，而模态多则是由车联网中数据类型决定的。车辆大数据的安全威胁主要体现在以下三个方面：一是由于数据中包含着与车辆自身（包括车辆注册信息、车辆拥有者信息、车辆驾驶者信息等）和车辆轨迹相关的敏感信息，所以存在着信息泄露问题；二是数据服务的真实性和可用性，从车联网自身的功能定位和应用需求出发，车辆节点实时得到的信息必须是真实、可靠、可信的，这需要在确保网络通信质量的前提下，提高数据服务的质量，防止数据被篡改；三是由于车辆大数据的价值很高，成为攻击者的关注目标。车联网中的数据价值直接涉及行车安全和对可用信息的利用（如利用车辆轨迹信息的欺诈、出售驾驶者健康信息、非法披露用户的个人习惯等），攻击者也可以通过收集公开的信息并进行数据分析，获得有价值的数据。另外，大数据也成为各类攻击实施的载体，攻击者通过将攻击代码写入大数据并以其为攻击发起者对目标对象实施攻击行为。除了上述常见的应用安全威胁之外，Sybil 攻击是车联网中常见的基于身份的攻击方式，发起攻击的节点（Sybil 节点）通过伪造车辆的身份标识（ID）来创建错误的目的地址，达到攻击目的。在 Sybil 攻击中，Sybil 节点通过冒充其他合法车辆节点或伪造车辆 ID，使一个恶意物理实体同时对外提供多个 ID，从而使车辆 ID 失去真实性。一旦 Sybil 攻击成功，攻击者将破坏车联网正常的运行机制，主要表现为：发布虚假交通信息、造成点对点存储系统的分段和复制机制失效、扰乱路由算法机制、破坏网络选举机制、改变数据整合结果、使以节点为基础的资源分配策略丧失公平性、使异常行为检测出现误差等。例如在一交通路口，车辆正确的行驶方向应该是直行或右转，但在攻击节点虚假信息的引导下，误导了车辆的行驶方向，从而引起车辆间的碰撞甚至是更大的交通事故。虫洞攻击（Worm Hole Attack）是一种典型的发生在网络层的 DoS 攻击方式，攻击节点无需获得系统的身份认证便可以对网络进行功能干扰和破坏。黑洞攻击（Black Hole Attack）是一种典型的网络层 DoS 攻击方式，也是车联网中一种常见的攻击类型。与虫洞攻击不同的是，黑洞攻击属于一种内部攻击方式，是由已经被授权的网络内部恶意节点发起的一种攻击。

（四）数据泄露威胁

1. 数据采集：大数据背景下数据过度采集和滥用隐患

汽车智能化是建立在车辆动态数据收集及应用上的，车联网信息服务所采集的如车主身份信息（如姓名、身份证、电话）、车辆静态信息（如车牌号、车辆识别码）、车辆动态信息（如位置信息、行驶轨迹）以及用户的驾驶习惯等，都属于用户个人信息，而在必要情形下采集的指纹、声纹、人脸、心率等生物识别特征信息则属于敏感个人信息，尤其是车辆行驶数据一直都被视为变现的大数据金矿，无论是车联网前装的车商，还是车联网后装的互联网科技公司，都在用户不知情的情况下收集车主驾驶历史数据，除了自用外，甚至还会商业变卖给第三方使用，由此造成用户隐私泄露危险。根据我国个人信息保护原则，个人信息的搜集需遵循"知情同意"、"最小必要"、"目的限定"三大原则。而处理敏感个人信息需要在具有特定的目的和充分的必要性，并采取严格保护措施的情形下，且取得个人的单独同意。由于车联网属于新兴行业，管理还在完善中，对于哪些数据可被采集、数据如何利用、是否可以分享给第三方等关键问题，还需要细化管理要求，因此目前数据采集还存在过度采集和滥用的风险。

2. 数据传输：产业链条过长加大数据泄露风险

车联网服务具有场景复杂化和功能多元化的特点。车联网生态整合了出行、娱乐、交通管理、导航、车辆远程监测与控制及其他服务等。目前，车联网相关数据主要存储在智能网联汽车和车联网服务平台上，存储和传输方案主要由整车厂商、车联网服务商设计实现。由于数据的采集、传输、存储等环节没有统一的安全要求，即数据具有非结构性特征，可能因访问控制不严、数据存储不当等导致数据被窃。

目前主要存在两类风险：一是数据内部传输风险，主要包括 CAN 报文被篡改和伪造的安全风险，连接接口、通信总线被阻塞从而导致数据不可用或无法及时反馈的风险以及 CAN 总线与 ECU 之间缺少相应的认证保护技术引起的风险；二是数据外部传输风险，主要包括车外通信网络传输数据时，在通信链路上会面临被窃听或遭受中间人攻击的风险；以及在特定模式下智能网联汽车会通过 V2V 广播本车的坐标和轨迹信息，从而带来的地理位置信息数据泄露的风险。另外，车联网所构建的网络架构中数据呈双向甚至是多向的流动状态。

例如，数据可能从车辆端流向某服务供应商，服务供应商向车辆端反馈特定的信息内容，上下游服务供应商之间、相关人员的移动智能终端与服务供应商之间也会发生点对点或链条式的数据流动，多向流动状态与非结构性特征导致数据传输风险加剧。

因此，《汽车数据安全管理若干规定（试行）》第六条提出了车内处理原则，即除非确有必要，否则不向车外提供数据。第六条还规定了脱敏处理原则，即要求汽车数据处理者对汽车数据尽可能进行匿名化、去标识化等处理。脱敏处理原则可认为是对车内处理原则的补充。EDPB 的指南实际上也提出了类似的"车内处理"原则，其建议车辆和设备制造商、服务提供商和其他数据控制者处理的数据时应尽可能不涉及个人数据或不将个人数据传输到车辆外部（即数据在车内处理），以保证用户对个人数据的完全控制。

3. 数据出境：全球产业链融合引发数据跨境流动安全隐患

汽车行业的最大特点是全球产业链的高度融合，因此平台数据跨境流动管理问题成为车联网数据安全的重要隐患。数据出境涉及个人信息出境问题和重要数据出境问题。根据《汽车数据安全管理若干规定（试行）》规定，重要数据包括重要敏感区域的地理信息、人员流量、车辆流量等数据；车辆流量、物流等反映经济运行情况的数据；汽车充电网的运行数据；包含人脸信息、车牌信息等的车外视频、图像数据；涉及个人信息主体超过 10 万人的个人信息等，网络运营者应报请主管部门组织安全评估。

从形式上看，数据跨境问题主要体现在两个方面：一是存在境外车联网服务商跨境服务隐患。我国大部分汽车是合资品牌汽车，还有部分汽车属于境外进口汽车，其车联网服务可能由境外企业及其子公司提供，需将车主身份信息、使用习惯、车辆状态及行驶路径等用户信息传往境外。此外，通信数据及车联网数据传往境外，可能泄露国家地理位置信息，危害国家安全。二是存在境内外云平台数据共享隐患，合资企业车联网服务以境内云平台为主，但其外资公司通常负责全球车联网运营，境内平台与境外平台是否互联，是否存在数据传输共享，是国家数据管理需要重点关注的内容。车联网企业应当构建自身的数据评估体系，对于无法出境，或无法判定是否能够出境的数据，应存储在境内的服务器，境内数据中心的设立和管理是数据跨境战略的基础。

2.4.2 车联网安全保障

智能汽车给我们带来舒适和便利的同时，也面临着用户隐私泄露、网络通信及黑客攻击三大安全风险问题，其中黑客攻击智能汽车的技术核心，是通过 OBD、车载系统、云服务平台及移动 APP 四种方式，入侵 CANBus 总线系统，来实现对汽车的控制。因此车联网安全技术应从车载终端、车联网运营端、车辆通信及车联网安全网关四个层面进行安全布局。

智能汽车最大安全隐患来自黑客攻击，而黑客攻击重点是入侵 CANBus 总线，因此车联网安全技术核心就是围绕保护 CANBus 总线来展开，具体措施如下：

1. 车载终端设备安全

车载终端设备分为车商前装设备和互联网智能后装设备，车商前装设备需要嵌入安全芯片，用以管理密钥和加密运算，进入整车厂的前装序列。互联网智能后装设备则需要隔离汽车底层，加硬件防火墙的方式，来保障车辆安全。

2. 车联网运营端安全

车联网运营平台分为云服务器端和移动 APP 端，车联网运营安全需要做到两点，首先是在云服务端配置安全产品和策略，加载了自主研发的密钥应用 SDK，负责与车载终端和移动终端加密往来数据。其次是在移动终端 APP，对关键代码进行动态加密和篡改识别，同时将移动终端设备、用户账号和信息、手机号码，通过数字证书技术实现身份认证，确保移动终端的合法可靠性。

身份认证的实现方式。车联网是一个基于庞大资源库实现数据动态分析与判别的实时应用系统，但其网络接入的开放性需要系统提供更加可行的安全保护机制，身份认证是至关重要的一项技术手段。目前，信息通信网络中可实现身份认证的方式较多，但适合车联网应用特点的仍然是基于数字证书的身份认证方式。由于在数字证书的内容组成（X509 标准）中用一个名为"Subject"的字段来存放证书持有者的身份信息。所以，通过一个具体的证书文件就可以确定证书持有者的真实身份。同时，颁发数字证书的 CA 通过自己的数字签名来确保数字证书的合法性和可信性，所以凡是参与通信的各方只要同时信任签发证书的 CA，就可以信任数字证书中证书持有者的身份信息。在车联网具体应用中，可通过验证对方的数字签名来确认其身份的真实性。在公钥体系中，通过私钥加密的信息只有通过对应的公钥才能解密。为此，当对一个签名信息可以通过某一数字证书中的公钥解密时，就可以肯定信息的签名者一定是数字证书的持有者。因为在大家同时信任签发该数字证书的 CA 的前提下，只有证书的持有者才知道该证书的私钥。

3. 车联网信息传输安全

车联网通信包括车辆内部网络通信和车辆外部网络通信两种，内部网络通信安全可采用数字签名与智能检测技术，实现车内娱乐、导航等系统与车机内网的安全隔离、访问控制及异常检测。外部网络通信安全则通过加强车与外界（V2X）的认证技术，减少来自外部的各种网络攻击。

数字签名技术的应用可实现车联网中信息传输的真实性、完整性和不可否认性，是一种行之有效的安全解决方法。目前基于数据加密原理的数字签名方法较多，但应用较为成熟且符合车联网应用特点的是基于 CA（认证授权）中心的数字签名技术。

长期的发展演进中，依赖于单向陷门函数的公钥密码加密体制成为数字签名技术实现的基础。但是，如果直接用公钥密钥对来处理原始报文，其效率很低，而且对硬件的要求较高，无法满足车联网中对大量信息进行实时处理的要求。为此，在数字签名标准中引入了消息摘要所具有的雪崩效应（报文的细微改变将导致摘要的整体变化）、不可逆性（从摘要得到报文的逆向过程是无法实现的）和唯一性（要得到两个完全相同的摘要是不可能的）等特征，发送方首先用一个 Hash 函数对报文进行处理，产生一个固定长度的信息摘要，然后对信息摘要用私钥产生签名。DSS 中，由于原始报文以明文方式在网上传输，其签名没有解决针对信息内容的攻击问题。而在车联网中，大量的信息涉及内容安全和个人隐私，所以 DSS 无法直接应用到车联网中。为了在 DSS 所提供的信息的完整性、真实性和不可否认性的基础上进一步实现信息传输的保密性，基于 DSS 与对称加密技术结合的方法是目前应用最广、安全性较高的一种方案，也是车联网可供选用的一种签名机制。

作为一种特殊的移动智能终端，车联网上大量应用系统的安全性需要得到保障，而应用签名是当前一种行之有效的解决方法。数字签名机制在移动智能终端软件应用市场的应用已很普遍。例如，在 iOS 系统中所有的二进制代码和类库只有在经过苹果公司（受信任的 CA）的签名之后，才能允许在系统内核中执行。为了建立程序之间的信任机制，Andriod 系统通过数字签名机制实现了对合法安装包的确认，从而防止安装来路不明的程序或已安装的应用程序被恶意的第三方覆盖和替换。暂且避开具体实施中 Andriod 存在的种种诟病，仅就数字签名技术在保障应用程序安全性和可靠性方面所表现出的优势是值得肯定的。在车联网应用中，通过建立权威、可信的 CA，数字签名技术可有效应对针对应用的反编译、二次打包、非法注入、恶意代码和广告植入等恶意行为，并可实现应用市场责任的可溯性。

4. 车联网安全网关

车载安全网关和云服务器是车载网络系统的核心要素，对保护敏感信息和可靠驾驶车辆起着至关重要的作用。其中，云端服务器会通过手机和个人电脑，将与车辆安全网关交互获得的信息及时提供给车主，也可以将车主请求的远程控制信息传输给车辆安全网关，从而实现安全可靠的远程控制。车载安全网关作为车端与云端的连接桥梁，既可以检查云端发来的控制指令，防止黑客恶意攻击。在提升用户驾乘体验的同时保证车辆及相关人员的安全，也可以主动收集车辆的各项参数信息上传云端服务器，为车辆的技术改进提供必要的数据支撑。汽车内部的网络节点如同一个个站点，从一个网络向另一个网络发送信息，需要换乘的站点就是"网关"。不同类型的网络传输数据，是通过网关进行数据交互。独立网关及新智能网关以其高速率、多通道、安全性等高端性能在汽车时代变革中起到至关重要的作用。汽车网关控制器是车辆架构中的核心部件，其作为整车网络的数据交互枢纽，可将 CAN、LIN、MOST、FlexRay 四大汽车总线的网络数据在不同网络中进行交互。

当前车载安全网关主要针对以下业务功能进行保护：

①车辆远程控制功能。包括车门的远程开关、车辆的远程启动等功能。用户通过手机终端实现对网联汽车的远程操控，使出行更加便捷。

②获取车辆基本运行信息的功能。包括油量、胎压、车速、水箱温度和车外温度等车辆基础数据。

③车辆定位与远程求助功能。汽车与网络运营商相连接实现车辆定位功能，当车主需要救援，可一键发出求救信号。

④车辆自动驾驶功能。汽车通过实时分析收集到的交通情况信息实现自动驾驶功能，能够有效减少交通拥堵，降低事故发生频率。

⑤ECU 远程升级功能。车内的 ECU 程序可交由厂商进行远程升级，免去了必须到 4S 店升级的不便，节省了车主的时间和车厂的成本。

⑥车辆诊断功能。包括电子系统诊断、车辆零部件故障监测等功能，必要时，车载安全网关通过无线通信网络将 ECU 储存的诊断信息上传云端服务器，为维修人员提供数据参考。

汽车上述功能的实现对车载安全网关自身设计和实现的可靠性，以及网关与云端服务器之间通信的安全提出更高的要求，如果网关被恶意攻击，不仅车主的个人隐私数据面临泄露的风险，其生命财产安全也将受到严重威胁。例如，黑客可以利用网关自身的安全缺陷，非法访问甚至篡改网关采集到的定位信息等车辆的敏感信息，使用户毫无隐私可言。另外，黑客可以利用网关与云端服务器之间的通信漏洞，通过车门远程开关功能盗窃车辆，还可以篡改 ECU 远程升级信息给网联汽车留下安全隐患。因此，车载安全网关需要满足以下几点安全需求。

①机密性。车载安全网关能够收集车辆参数等敏感信息，一旦被黑客非法访问，车主个人隐私和行车安全将面临严重的威胁和破坏。车载安全网关将收集的车辆信息上传云端服务器的过程，或者云端服务器向网关发送控制指令的通信过程中，信息有可能被拦截窃取甚至篡改，数据机密性遭受严重威胁。因此必须保证车辆与其他汽车、路边基础设施、信息服务中心的通信数据的密文传输，防止第三方在通信过程中窃听通信信息。且信息不能向非

授权用户泄露，只有被授权的合法的用户才可以得到相关信息的特性，既包括车载安全网关内部数据的机密性，又包括车载安全网关与云端服务器之间传输数据的机密性。

②身份认证。实现车辆与其他通信节点的数据源认证，保证通信双方身份真实，防止假冒攻击。一方面防止第三方冒充车辆窃取信息服务，另一方面防止第三方冒充正确通信节点下达恶意的指令或者错误信息。

③抗重发攻击。避免不可信第三方通过重发之前会话的数据包，假冒一方的正当用户和另外一方通信，从而盗取敏感信息的攻击手段。

针对上述的安全需求，重点给出国内外研究人员在设计实现车载安全网关时广泛采用的解决方案，并分析现有方案存在的不足。

针对网关内部数据机密性的安全需求，通常采用的方案是通过适当的访问控制机制控制用户的读写范围，防止由于非法访问导致用户敏感信息泄露的危险。但在车载安全网关具体的设计实现过程中，对于信息隔离和信息过滤的安全需求重视度不够，即使采用机密性访问控制机制，可以实现一定程度上的安全访问，但若不遵循信息隔离和信息过滤的安全原则，敏感信息仍会面临被非法窃取和破坏的风险。

车载安全网关内核设计时，多采用 Linux 操作系统裁剪的方式，实现代码量在 200 万行左右，根据计算机学会每千行代码 1-5 个错误的统计结果计算，BUG 数目较多，车载安全网关产品实现的正确性难以从根本上保证。

针对网关与云端服务器之间通信的机密性、身份认证和抗重发攻击的安全需求，通常做法是部署 OPENSSL 软件或实现 IPSEC 协议建立车载安全网关与云端服务器间的安全连接。但无论是 SSL 协议还是 IPSEC 协议均对车载处理器的计算能力要求较高。另外，近年来发现的由于心跳机制实现的缺陷导致的"心脏滴血"漏洞，使 OPENSSL 软件自身实现的正确性受到较大质疑。

目前对车载安全网关的设计与开发多是依靠经验进行的非形式化的开发，更侧重于功能实现，缺乏严格的形式化安全模型和一致性验证分析，不能防止由于人为错误的引入导致的安全隐患，对产生错误的分析定位也比较困难，错误排查效率较低。

针对当前车载安全网关研究的不足，一方面，根据高安全等级车载安全网关的开发要求进行相关研究，保证网关自身实现的正确性；另一方面，设计适合车联网应用场景的轻量级认证协议，保证车载安全网关与云端服务器之间通信路径的安全。

5. 数据真实验证

确保数据的真实性是车联网应用中最基本的要求之一。车联网中数据的真实性主要表现在两个方面：感知数据的真实性和收发数据的不可篡改性。其中，感知数据的真实性是指车辆传感器所采集和交付的数据（如车辆位置、加速度、刹车信号等）是真实、可靠的，没有被攻击者伪造或因系统故障而产生虚假数据。收发数据的不可篡改性是指车辆节点发送和接收到的数据是真实的，车辆节点没有发送和接收到虚假或错误数据。数据验证技术可以及时验证和感知收发数据的真实性，并及时发现并排除错误、虚假和恶意数据。数据验证技术是对输入数据的正确性的判断，是验证数据有效性的一种方法。在车联网应用中，同一数据在不同的处理阶段对其质量要求不尽相同，根据对数据处理粒度的不同，数据验证的实现方法可以分为粗验证和精验证两种类型。其中，粗验证仅对数据类型、数值范围、数据许可值等限制性参数进行有效性验证。而精验证是运用相对复杂的逻辑处理方式和算法，通过相应的验证规则对提取出的数据进行细粒度的处理，为用户或应用程序提供有效的数据服务。Valang（是一个专门用于设计数据验证规则的语言，其中 Spring-Module 提供了对 Valang 语言的支持，在 SpringMVC 架构中使用 Valang 实验了数据验证功能。Valang 的验证器 Validator 包含了一条或一组验证规则，每一条验证规则的具体实现方式多样，但都起到了对数据进行相应约束的功能。另外，拦截器可以截获用户的登录页面，并对页面提交的表单信息进行验证，通过验证后再将结果提交给服务器端的验证器进行进一步处理（包括进一步验证）。在车联网中，攻击者发送各类涉及车辆身份或与环境、位置相关的虚假信息，以此来扰乱或破坏正常的交通秩序，甚至导致交通事故的发生。避免此类安全事件发生的重要手段之一是采用数据验证技术，保证参与通信的各节点均能够有效地验证接收和发送的数据。就车辆位置信息验证而言，借助位置感知和定位技术的实现方法，可以分为基于测距技术的验证和采用非测距技术的验证两种方法。其中，基于测距技术的验证方法可以借助于城市道路的红绿灯、RFID 读写器、视频摄像头等 RSU 已有的精准位置信息，将其作为可信的验证源节点，并建立与周围环境密切相关的位置指纹数据库，移动中的车辆节点在利用无线测距技术（如三角测量法、三边测量法、极大似然估计法等）获得自身的位置信息后，再与数据库中的记录进行比对，验证其真实性。此方法可有效地避免虚假 RSU 数据产生的攻击，如 Sybil 攻击。利用非测距技术的验证，通过测量同一区域内不同车辆节点之间的相对位置，再借助车载 GPS、电子地图等工具，验证从相邻车辆节点接收到的数据的真实性。此方法可有效弥补 RSU 资源不足或位置分布不完善带来的不足，充分利用车载电子设备提供的无线信号传播特性，对车辆位置信息的真实性进行估计，进而对数据实现一致性验证。

第三章　车联网的应用

3.1　智能化交通管理

3.1.1　智能交通管理系统

车联网支撑下的智能交通，指的是通过车联网系统使用过程中的交通运输数据反馈，并对反馈的交通数据信息进行智能搜集、整理以及发布，为实时交通提供丰富的高质量服务，使得交通运行变得更加有序、畅通和安全。智能化交通管理层级如图 3-1 所示。

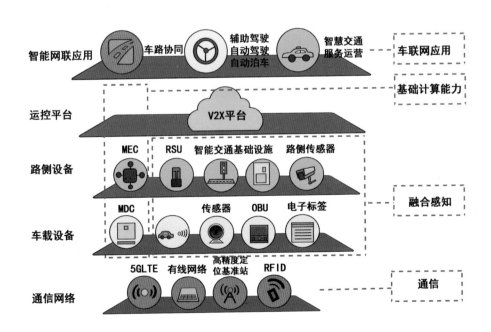

图 3-1　智能化交通管理层级图

在传统的车联网系统使用过程中，技术人员会使用车辆身上统一的编码，或是通过无线通信技术对处于行驶状态的车辆进行跟踪。但传统的车联网系统只能对处于行驶状态的车辆进行跟踪，无法对车辆进行智能管控。随着蜂窝车联网（C-V2X）的逐步研究，LTE车联网逐渐投入使用，这种车联网系统不仅能够对车辆进行准确定位，还能够对车辆进行统一管理和调配。

若车辆使用LTE系统并装配了车载网关，那么车辆在行驶过程中可以通过LTE系统的影像数据传输，对车内和车外各角度进行实时画面的观察，相应平台也可以通过LTE网络系统来对行驶车辆内外状况和基本路况数据进行实时监测与管理。一旦出现了突发性的交通事故，相应网络服务平台就会将涉事车辆的行车数据自动汇报至平台数据中心，也会第一时间进行指令反馈，让相应车联网服务平台进行与交通事故相对应的数据资料检查。相关工作人员便可以通过由现场传回的数据资料进行责任认定与分析。倘若参与车辆所在区域内路况较为复杂，或是极有可能出现交通事故，车联网服务平台也能根据实时的路况信息和车辆信息，进行交通疏散和提醒的指令送达，能够有效降低交通事故发生的概率。由于LTE网络具有较高的频谱效率，因此可以同一时间内满足15～20个中心的车辆运行轨迹信息输送与整理。因此，相应的车联网系统能够很好地进行行车管理分析。

传统的道路设施只能为驾驶员提供指示功能，车联网的应用能够让车辆与道路基础设施（V2I）之间进行通信。一方面，技术人员设置交通管理系统，使得多种信息与车辆共享，如事故信息、道路拥堵、环境参数及车辆的路线信息等。由云计算与大数据技术处理多种不同的信息，进而达成网络信息的交互控制，驾驶员得到信息反馈，进一步提升行驶效率。另一方面，交通管理系统应实行智能化管理，车辆行驶时的信息传递应具有双向性，车辆会收到道路交通设施，如交通信号灯的指示。同时该交通信号灯需接收到车辆的行驶请求，依照指示灯提供的请求指令，中央信息系统应适时调整，并根据当前交通的实际状况给出反馈指令，为车辆提供适宜的行驶路线。智能化交通管理应用，如图3-2所示，具体如下。

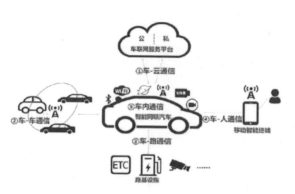

图 3-2　智能交通管理

1. 交通信息提醒

交通信息提醒功能主要是通过 V2I 通信实现交通标志信息 / 临时交通信息（如临时施工、交通管制等）的广播，让车载 OBU 接收交通标志信息。交通信息承担着引导交通车辆通畅安全地在道路上行驶的作用，但是在一些复杂路况，驾驶人员因为行车有时会忽视掉一些重要的交通信息，从而耽误行程或者发生事故。

在该场景中，智能网联车辆在行驶到特殊路口时，部署在该路口的 RSU 会与网联车辆相互通信，将该路口以及下一路段中的交通标志信息发送到 OBU 上，OBU 传输到车载显示屏上，告知该路口以及下一路段的实时可变 / 固定交通标志，使驾驶人员做好应变的准备，减少违法违规操作安全驾驶。

2. 绿波车速引导

利用基于车载设备与路侧设备的车联网技术，可以实现车辆与基础设施之间高效可靠的数据交换，进而实现更加精确和细化的交通诱导控制，提高城市路网的运行效率。绿波信号协调控制是目前应用最广泛的一种信号控制方式，其原理是通过对信号控制参数进行调整，为目标车辆创建绿波通行条件，使其能在绿波带内不停车并连续地通过交叉口，从而有效地减少停车次数，提升干线交通系统整体通行效率。具体流程如下。

①选取区域路网绿波设计需求交叉口，并获取几何参数与交通参数。

②构建以多方向绿波带宽加权和为目标的优化模型。

③调整相位结构，确定绿波权重、交叉口间旅行速度上下限和周期上下限。

④求解优化模型，根据模型的优化结果，对现实路网的信号周期与相位差进行调整，通过路侧设备向网联车辆发送绿波行驶速度信息形成不同交叉口服务的绿波，如图 3-3 所示。

图 3-3 绿波车速引导

3. 交叉路口协同决策

此应用为基于高精地图的智能网联汽车创新应用，重点解决联网车辆、非联网车辆混行的十字路口等复杂场景下的通行效率和行驶安全问题，为智能网联汽车提供全方位的环境感知信息和安全行驶建议。如图3-4所示，具体流程如下。

①实现车路协同环境下高精地图的动态实时更新，通过障碍物动态投影，为智能网联汽车提供超视距的全方位环境感知信息。

②基于博弈论的复杂场景下多车协同决策策略，通过V2X收集场景内所有车辆的状态，并在边缘计算节点和移动计算节点（MEC）计算优化策略模型和诱导机制。

图3-4　道路协同决策

4.高精地图服务

高精地图的发展与智慧交通、智能网联汽车紧密相关。一方面，其是自动驾驶汽车规划道路行驶路径的重要基础，能为车辆提供定位、决策、交通动态信息等依据。另一方面，当自动驾驶汽车传感器出现故障或者周围环境较为恶劣时，其能确保车辆的基本行驶安全。

车联网通过搭建包含云、边、端的智慧道路体系，构建C-V2X网络，建设典型V2X应用，实现路侧实时感知数据与高精地图数据深度融合，形成实时动态高精地图并向自动驾驶系统提供综合数据服务，同时满足ADAS和控制指挥平台对地图渲染的要求。V2X数据与高精地图数据结合方式主要包含两个层面，第一个层面为V2X实时数据为高精地图准动态层以及实时动态层数据更新提供支持，实现高精地图在交通拥堵等交通事件以及机动车、行人、非机动车等交通参与者实时位置及状态数据秒级及毫秒级数据更新。第二个层面，为 V2X 数据支持高精地图准静态层数据更新，实现地图中道路标志标线、道路施工等信息及时更新。在 V2X 数据和基于高精地图的自动驾驶系统之间无缝对接的基础上，可实现以下功能。

①辅助验证感知信息，并帮助自动驾驶系统实现超视距的感知。

②更精确地确定车辆在地图中的位置。

③帮助决策层完成车道级的路径规划。

④提高决策层转向、加速和刹车指令的准确性。

⑤对下一刻交通情况或交通流进行预判，为自动驾驶的决策和控制提供有效的支持。

5. 全息道路 / 路口

全息路口是利用路口雷达 + 电警 / 卡口摄像机两种感知手段，在保证原有正常非现场执法功能基础上，融合行业最新的传感器技术、高精度地图技术、AI 算法、大算力芯片、边缘计算技术，构建"智慧 + 感知"能力，生成车辆时空、过车身份、违法抓拍、分米级车辆轨迹、信号灯状态等多种精准、高效、实时的元数据，为路口精细化管理奠定了完备的数据基础，减轻了中心侧计算、存储、空间以及网络的传输压力。

城市交叉路口信息基础设施配置边缘计算单元是未来趋势，利用边缘计算单元对路口、路段"人、车、路、环境、事件"进行"全时空、多维度、全要素"感知，对信号、视频、雷达、RFID 等多维交通设施采集信息自行承载融合，对机动车、非机动车、行人行驶轨迹精准刻画，对交通信号、交通隐患、交通事件、交通冲突等核心业务实时动态调整和高效智能分析，从而实现交通路口治理的精细化、智能化、标准化、专业化，为城市交通治理打下坚实的基础。随着网络信息技术的不断发展，以 LTE 网络技术为依托的车联网系统，实现智能化的交通管理，满足各类车辆的出行需求，降低交通事故发生概率，最大限度上保障所有交通参与者的生命安全和财产安全。

3.1.2 车路协同系统

车路协同系统（cooperativevehicle-infrastructuresystem，CVIS）是基于无线通信、传感探测等技术获取车辆和道路信息，通过车车、车路通信进行交互和共享，实现车辆和基础设施之间智能协同与配合，达到优化利用系统资源、提高道路交通安全、缓解交通拥堵的目标。近年来，电子信息和无线通信技术的迅速发展与应用，推动了 CVIS 的发展。其作为 ITS 的重要子系统也备受国内外科研人员关注，是世界交通发达国家的研究、发展与应用热点，如图 3-5 所示。

图 3-5 车路协同系统

美国车路协同系统（vehicleinfrastructureintegration，VII）是由美国联邦公路局、AASHTO、各州运输部、汽车工业联盟、ITSAmerican 等组成的特殊联合机构，通过信息与通信技术实现汽车与道路设施的集成，并以道路设施为基础，2005 年相继推出了可以实施的产品。各州将采用统一的实施模式，采用 ProbeVehicle（试验车）获取实时交通数据信息，支持动态的路径规划与诱导，提高安全和效率。

VII 计划主要包括智能车辆先导（IVI）计划、车辆安全通信（VSC）计划、增强型数字地图（EDmap）计划等，并且通过美国通信委员会（FCC）为车路通信还专门分配了 5.9GHz 的专用短程通信（DSRC）频段，为驾驶员提供安全辅助控制。最近美国交通部（USDOT）将 VII 更名为 IntelliDriveSM，更加强调了交通安全的重要性。

IntelliDriveSM 项目的特点主要有三个方面：一是安全，应用车—车、车—路、车—X 无线通信技术，全面感知车辆周围 360 度范围内的危险信息；二是交通机动性，应用多种信息技术，向出行者和运输管理者提供多种实时交通信息；三是环境友好，通过提供实时交通拥堵和其他信息，辅助出行者选择合适路线，减少环境污染。

IntelliDriveSM 为美国道路交通提供了更好的安全和效率，它通过开发和集成各种车载和路侧设备以及通信技术，使得驾驶者在驾驶中能够做出更好和更安全的决策。当其与自动车辆安全系统结合应用时，如果驾驶员不能或没有及时做出响应，车辆则会自动响应并进行操作，这样可明显增强安全预防，减轻碰撞损失。同时，运输系统管理者、车辆运营商、出行者都能得到所需的信息，为机动性、效率、运输成本、安全做出动态决策，实现人员和货物的高效移动。

IntelliDriveSM 的未来研究目标如下：通过连接车辆和基础设施促进交通安全转型。增强驾驶员主动和被动安全辅助应用（例如：协助车辆驾驶员躲避紧急冲撞，这需要低延时通信），并提供不需要实时通信的车辆信息以提高车辆行驶安全。提供测试来支持管理和咨询决策，对决策系统性能的有效性进行评价以及开发和标准验证。提供技术支持以增强部分或全部车辆的控制性能。增强车载端应用以减少驾驶员分神。在所有的道路上，捕获完整的实时的交通流信息以支持系统运行，从连接的车辆、移动设备和基础设施中捕获实时数据。在所有的交通流模式下，捕获实时信息。开发能够集成所有应用于交通管理和绩效考核实时数据的技术框架。通过车辆和基础设施的通信，实现交通管理系统性能的转型。开发对所有实时的数据的应用程序以供交通管理者使用，确保人员和货物安全、高效地移动。利用实时流动性和成本化的数据来辅助道路使用者动态决策。实现"下一代"的电子支付系统。创建跨模式的电子支付系统（如停车付费、公共交通等）。定义技术框架以保证新兴地区和国家为交通运输提供财政支持政策。通过汽车和基础设施的连接实现环境管理，捕获车辆周围实时的环境数据。整合实时环境数据，运用于交通管理和性能改进。为交通管理者和道路使用者提供使用实时数据在环境影响方面的应用。为基于车路协同安全性、移动性等方面的应用建立一个制度基础。通过确定和研究解决方案来解决国内和国际上的体制基础、治理、隐私问题、潜在法规和政策，以落实运输技术在目标领域的作用，确保所有的用户在运输解决方案中受益。

日本 Smartway 计划由政府与民间 23 家知名企业共同发起，用于促进土地、基础设施、运输和旅游、先进安全汽车（ASV）的发展。Smartway 发展重点在整合日本各项 ITS 的功能及建立车上单元的共同平台，使道路与车辆能由 ITS 咨询的双向传输而成为 Smartway 与 Smartcar，以减少交通事故和缓解交通拥堵。2007 年已初步完成在 TokyoMetropolitanExpressway 部分公路的试验计划，自 2009 年起于日本 3 大都会区进行试验。基于统一与协调行为方针的 Smartway 示范系统还向用户提供以下几个方面的信息服务。

（1）辅助安全驾驶信息服务

通过路侧架设的一系列传感器检测前方道路转弯处或视线死角区域是否发生交通阻塞或存在路面障碍物等，并通过车路通信系统向驾驶者提供实时道路信息。

（2）静止图像信息服务

通过闭路电视（CCTV）摄像机采集的道路环境状况信息，将以静止图像的形式提供给驾驶者，例如在隧道入口处可以清楚地了解到出口处的车流情况等。

（3）浮动车信息采集服务

基于浮动车技术实现实时交通信息的获取，通过车路通信系统，连同天气、路面情况以及高危地段等信息迅速提供给临近的车辆。

（4）道路汇集援助服务

通过专用短程通信（DSRC）天线检测行驶于主干道上的车辆，当车辆接近道路汇集处时，由车路通信系统向有关驾驶者发出警示信息。

（5）停车场电子付费服务

通过车路通信系统实现停车场电子付费服务。

（6）宽带互联网连接服务

通过车路通信系统实现宽带互联网连接服务。构建包括智能车辆、智能公路、紧急救援系统的 Smartway，实现安全、高效、便利、舒适、低环境负荷的交通环境。

除了美国和日本，欧盟 eSafety 由 ERTICO 最先提出，2003 年 9 月得到欧盟委员会的认可并列入欧盟计划。主要内容是：充分利用先进的信息与通信技术（ICT），加快安全系统的研发与集成应用，为道路交通提供全面的安全解决方案。除自主式的车载安全装置，还需考虑车—路协调合作方式，即通过车—车以及车—路通信技术获取道路环境信息，从而更有效地评估潜在危险并优化车载安全系统的功能。欧盟在其第 6 框架计划（FP6）中，准备启动 77 项与 eSafety 相关的研究开发项目，与之相配套，欧盟委员会还推荐了 28 项行动计划，可归纳为 3 类：社会公共基础设施建设（包括道路交通基础设施及体系架构、电信基础设施等）；车辆预防与保护系统（包括车载智能终端系统、事故前安全辅助驾驶系统、事故中车内人员保护系统、事故后紧急救援系统等）；事故原因分析、人为因素研究、成本效益分析等。eSafety 重点研究安全问题，更加重视体系框架和标准、交通通信标准化、综合运输协同等技术的研究，并推动综合交通运输系统与安全技术的实用化。以下介绍 eSafety 项目的几个重点子项目。

（1）PreVENT 项目

利用先进的信息、通信和定位技术，开发自主式和协调式主动安全系统，降低事故发生率和减轻事故严重性。

（2）I-way 项目

通过提供实时的周围车辆信息和路侧设备信息，来增强驾驶员的感知能力和对危险状况的反应能力。

（3）Car2car 项目

推动车—车、车—路通讯技术及其接口的标准化；发展战略和商业模式，推进车—车通讯技术市场化。在欧洲，从 2010 年起用 1 年的时间对智能车进行道路测试，计划在欧洲道路上对 1000 辆以上安装了各种智能化车载设备的各种品牌汽车测试 8 种不同的高新技术，通过大量的采集数据来检验安全、效能和舒适的程度，进而研究智能车辆对安全、能源与效率以及社会的影响。

我国根据交通运输发展战略需求，以改善道路安全与提高交通效率为重点，兼顾节能、环保。通过一系列关键技术攻关，建立车路智能协同系统，实现车路协同控制，改善交通安全，提高通行效率。通过提高通行效率，提高单位能耗的运输效率，在满足交通运输需求的条件下，达到节能、环保的目的。智能协同发展需求如图 3-6 所示。

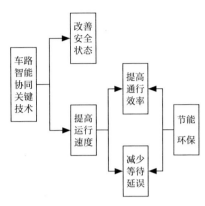

图 3-6　智能协同发展需求

6 月 24 日，清华大学智能产业研究院（AIR）与百度 Apollo 在北京共同推出了车路协同技术创新白皮书《面向自动驾驶的车路协同关键技术与展望》。该报告认为，车路协同是自动驾驶规模商业化落地的必然趋势，但当下汽车智能化水平不一，因而对智能道路的要求也存在较大差异。对此，白皮书中对国内道路现状进行了智能化分级，将道路智能化水平分为 C0-C5 级 6 个等级。道路智能化等级越高，对车辆智能化要求也越低，覆盖的智能汽车等级范围也越广。

其中，C4 级别道路值得特别关注。与更高级智能道路相比，C4 级智能道路投入产出比更高，其覆盖的智能汽车等级范围从 L2+ 到 L5。也就是说，C4 级智能道路不仅能为高级自动驾驶车辆提供协同服务，还能让 L2+、L3 级辅助驾驶车辆具备高级自动驾驶能力，促进自动驾驶规模商业化落地。举个例子，一辆具备辅助驾驶能力的智能汽车经过 C4 级道路路段，也能变成一辆自动驾驶车辆。

更重要的是，高级智能化道路除了服务自动驾驶外，还能服务于智慧城市的构建。通过充分发挥智能道路的全要素高精度感知能力、车路云一体化智能化管控和服务能力，探索开展更多创新应用和创新服务，加快新型智慧城市建设，助力实现交通强国宏伟目标。

白皮书还指出，目前自动驾驶存在单车智能自动驾驶和车路协同自动驾驶两种技术路线。车路协同是单车智能的高级发展形式，能让自动驾驶行车更安全、行驶范围更广泛、落地更经济。车路协同像是路灯，而单车智能就像车灯，在两者协同作用下，自动驾驶规模商业化落地门槛能够大大降低，加速单体智能向协同智能的转变。因此自动驾驶的规模化落地一定需要车路协同。

我国车路协同和自动驾驶实施起步较晚，但随着我国交通流量的迅速增加，交通拥堵、交通事故等现象相应出现，推行车路协同技术势在必行。我国在引进、开放相关技术学习的同时，也要针对我国城市发展需求结合国内交通情况，发展符合我国国情的车路协同系统和自动驾驶技术。

3.2　自动驾驶

智能辅助驾驶系统也被称为 ADAS，主要是依托安装在车中的各种传感器设备，有效且及时地收集车内外的信息数据并动态地进行物体识别以及信息处理等工作，为车主在短时间内了解潜在风险提供保障。目前智能驾驶系统使用的传感器有摄像头、毫米波雷达、激光雷达、高精度定位等，但精度及范围有限，且易受环境影响。而车联网系统通过与周边车辆及设施进行通信，扩大了对交通环境的感知范围，能够提前获知周边的车辆状态信息和道路状况，显著增强车辆智能驾驶辅助功能。

通过车联网的应用，智能辅助驾驶的自动化与数字化特点得到增强。前向碰撞预警、交叉路口碰撞预警、逆向超车预警等此前已广泛应用的技术基本为被动预警，事故发生后才能检测并提供信息。相反，车联网能够在车与车之间进行信息交换（V2V），具有复杂的环境感知、智能决策、协同控制和执行等功能，预警方式转变为主动预警，可避免不必要的交通事故发生，提高车辆行驶的安全性。

不仅在预警端，在辅助驾驶员的主动行为方面，车联网也有着广泛的应用，包括但不限于车道保持、自动泊车、刹车、倒车、行车辅助系统。

车道保持辅助系统能够进行路径追踪，传感器实时监测行驶车道。当发现车道偏离轨迹时立即发动预警系统，通过产生方向盘的震动和发出声音来引起驾驶员的注意，甚至在必要情况下会自动调用刹车功能。另外，车辆中装有的摄像头配合车道保持辅助系统进行工作，在汽车行驶过程中摄像头识别车道的标识线，能够根据指示灯变化来进行具体的反应。行车辅助系统能够通过系统的网络化来进行车辆预测，其有助于消除驾驶员的疲劳心理。该系统包含夜视辅助系统、牵引力控制系统等。汽车的夜视功能让驾驶员在漆黑的夜晚也能够轻松驾驶，在黑暗中照到交通标牌，让驾驶员看到弯道、行人或其他可能造成危险的事物，在驾驶过程中有效减少干扰光，给驾驶员带来了极大的便利。车辆行驶在光滑道路中会导致车辆方向失控，为了避免危险，牵引力控制系统应运而生，该系统检测到车辆的打滑特征时就会实时发出一个信号，通过调节点火时减少气门开关等措施提升车辆行驶的稳定性。另外，车辆辅助系统具有超清摄像头，能够清晰拍摄出来移动情况的影响，另外还可以采用防渗和加固处理来消减路段对车辆的冲击。为了满足人们的娱乐需求，驾驶辅助系统还配备了录像、录音、储存放映等显示功能，真正做到了安全、节能、环保、舒适。

车辆功能不断增加，系统的运算量随之增长。智能辅助驾驶系统能够采用专门的芯片，独立完成数据收集处理工作，并将信息移植到专门的移动平台上，在专业化服务下增强了系统的可靠性。智能辅助系统让驾驶员感受到了人工智能技术带来的便利，有效解放了人力，用户不需要耗费大量的精力去处理错误情况。智能辅助驾驶系统能够提供前沿的信息服务，经过大幅度的算法升级来增强系统的使用功能，促进了车联网技术的发展和应用，让预想变为了现实。车联网在智能辅助驾驶方面的具体应用主要有以下六个方面。

1. 前方碰撞预警

通过接收前方同一车道线上的车辆数据并对其进行处理，有效判断可能发生碰撞的概率，并对驾驶员进行预警，起到提升安全性的效果，前向碰撞预警效果如图 3-7 所示。

前向碰撞预警 FCW（Forward Collision Warning System）系统由车辆、路边基础设施等构成，通信模式主要为 V2V。该系统利用车车通信与本车前方的车辆进行信息交换，根据检测到的本车运动状态及其与前方障碍物之间的相对距离和相对速度等信息，实时判断本车是否存在与前方障碍物发生碰撞的潜在趋势，并根据发生潜在碰撞事故的危险程度，采用声音、图像等人机交互技术，提前向驾驶员发布预警信息，提示其发生碰撞的危险性，引发驾驶员的关注使其及时采取合理的规避操纵，以避免碰撞事故的发生。

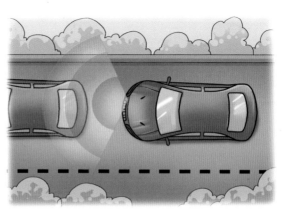

图 3-7　前方碰撞预警示意图

2.交叉路口碰撞预警

交叉路口的安全问题已经成为世界各国面临的重要问题,利用传统意义上的交通管理与控制方式能从一些方面降低交叉路口的碰撞事故风险,但不能从根源上消除交叉路口碰撞事故的发生。而智能网联汽车的发展为解决交叉路口的通行安全问题提供了新的解决方案,同时也能提高道路交叉口的通行效率。智能网联汽车通过先进的感知、控制与执行设备,融合现今的局域网技术,实现了车与人、车、路、云等的信息交互、共享,庞大的环境感知、综合决策与合作驾驶等功能,对于提升车辆的安全性、高效性、舒适性、节能性具有重要的作用。在车联网环境下,车车、车路之间通过车辆无线通信单元进行信息共享和交互,感知非视距环境下潜在的危险,实现车辆盲区的监控。车载单元通过与交通信号灯的交互,计算出理想车速,实现不停车通过交叉路口。

安装在车辆上的车载单元利用车辆的高精度定位设备、传感器及车辆CAN通讯网络获得车辆的位置、速度、航向角、加速度、角速度等车辆状态信息,并将这些信息通过车载通信单元周期性地向外广播,同时也能获取他车的车辆状态信息和路侧基础设施的信息。交叉口也可以部署RSU(路侧基础设施)向车辆发送交叉口方位、车道等固有信息,也可以作为网络节点向车辆转发他车的状态信息。碰撞检测单元根据一定的判定规则及算法,利用得到的主车与他车的位置、速度、加速度等信息,判定主车是否与他车存在碰撞危险。若不存在碰撞危险,则主车可以以当前状态安全地驶离交叉路口。若存在碰撞危险,检测单元计算碰撞的危险程度,并根据不同的碰撞危险程度向驾驶员发出不同的警告。驾驶员通过多种人机交互方式接收到预警信息后,经过一定的反应时间后,意识到危险的情况,踩下制动踏板,经过一定的系统反应时间后,车辆减速行驶或者紧急制动直至车辆停止,或者通过主动安全系统代替驾驶员控制车辆进行紧急制动。

3.盲区检测

车辆在行驶时,由于存在视野盲区,驾驶员无法完全判断周围环境。恶劣天气(雨雪、大雾、冰雹等)增大了驾驶员的判断难度,增加了碰撞或刮擦的风险。智能网联车辆装备了高精度的定位与精确的传感器,利用高精度的定位设备和拓展的卡尔曼滤波方法能够得到精确的车辆位置数据,通过车辆内部CAN通讯网络及传感设备以得到车辆精确的速度、加速度、航向角等车辆位置信息;车载通信单元可以将得到的车辆状态信息通过无线网络周期性地向外广播,同时也能接收其他车辆广播出的信息并解析出他车的车辆状态信息；通过声音、图像等方式，提前向驾驶员发送预警信息，引起驾驶员的关注使其及时采取合理的规避操作，避免与其他车辆发生碰撞，盲区检测效果如图3-8所示。

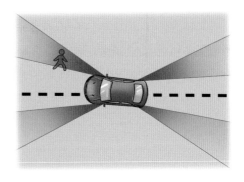

图3-8　盲区检测效果图

4. 变道辅助

车辆变道时，车联网车载终端将对目标车道上的前后车辆进行信息收集，以检测附近车辆的运行情况（如车速、是否同时变道等），计算变道后的危险程度，做出是否可以安全变道的相应判断，并在车内做出有针对性的操作与显示，变道辅助效果如图3-9所示。

在车联网的应用场景下，根据通信的方式获得的道路中行驶车辆的信息，对车辆的变道操作进行预测，并对汽车变道的危险程度进行评估。依据车联网安全应用层协议

图3-9　变道辅助效果图

中规定的变道预警的交通安全子应用程序进行设计，具体来说分为两部分：首先是信息的获取，主车通过CAN总线获取自身传感器信息，通过V2I通信获得道路信息，通过V2V通信获得目标车辆的位置信息、运动状态信息。接下来，算法利用接收到的数据预测，对车辆在道路中的行驶状态和驾驶环境两方面进行分析，共同推测本车是否要发生变道。如果预测车辆不进行变道，则继续对车辆进行监测。如果预测车辆发生变道，则计算碰撞的危险，根据碰撞风险的大小给驾驶员发送合适的警报。

5. 协作式车辆汇入

车辆使用C-V2X协同工作，以充分利用可用的道路空间。同时，C-V2X可用于向其他道路使用者传达意图，可最大程度地减少因变道和突然制动而造成的干扰。例如，一旦一辆车超过另一辆车，在交通流密集的时候，重新进入慢车道的最有效方法是前面的车辆稍微加速，后面的车辆稍微减速，为合流车留出足够的空间。

车辆在自己的RSU范围内与RSU进行通信，如图3-10所示，车载设

备 1 发出服务请求信息和基本信息，车载设备 2 和 3 发出基本信息。RSU 收集车辆信息并将这些信息传输给位于匝道合流点的 RSU-1，RSU-1 负责将收集的所有信息传输给边缘服务器。边缘服务器的数据接收与发送模块进行接收，数据预处理模块将车载设备 1、2、3 的基本信息传送给数据存储模块，将车载设备 1 的服务请求信息传送给服务处理模块，服务处理模块调用相应算法提取数据存储模块的信息为车载设备 1 提供服务。通过算法选择辅助车和计算辅助车的速度为匝道车辆提供换道间隙，边缘服务层将辅助车 ID 和合流速度信息传送给边缘数据接收与发送模块，该模块将此信息发送给 RSU-1，RSU-1 再发送给其他 RSU，RSU 群将信息发送给对应车辆，车辆接收到信息后再调节速度。

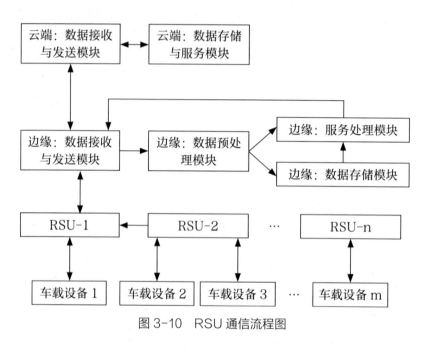

图 3-10　RSU 通信流程图

6. 车辆编队行驶

车辆编队指一种组织一组车辆一起驾驶的方法，旨在通过编队通行的形式来减小道路的通行压力，提高运输能力，从而提高道路的通行能力。智能车辆编队在车辆编队的形式基础上，通过增加传感器和联网通信等形式，使得车辆进一步智能化。智能车辆相比传统人类驾驶进一步消除了人类反应所需的反应距离，从而使车辆之间的行驶距离更近。

车辆编队的队列通信分为两部分：队内通信和队外通信。其中队列头车发挥关键作用。编队在正常行驶时需要时刻与外界进行交互，其中对外的交互对象包括远程控制云端和道路基础设施等，来获取编队的行驶指令以及道路的路况信息等。而对内的交互对象则是编队内的所有车辆，获取编队内车辆的状态数据和行驶信息等。队列头车作为队列中的关键节点负责实现编队与外界的通信以及编队整体的决策。同时与编队内的其他车辆通信同步更新状态，指导队形改变并避免出现车辆之间冲突。对外通信的交互信息主要包括上传车队当前的行驶状态以及车队的拓扑状态信息，其中行驶状态信息主要包括队列中车辆的速度位置等信息以及车辆之间的距离，而拓扑状态信息则主要描述车队中车辆的分布。同时下发接收远程控制远端对车队的控制指令，如车队的目标位置、安全速度以及车队中车辆的增减和拓扑变化。对内通信的交互信息则主要包括队列中车辆的行驶状态信息以及车辆的决策规划信息等，将该信息汇总到头车用来与外界通信。同时由头车处理后分发到各车进行分布式控制，保证整体车队的行驶逻辑不冲突、稳定且高效。

车联网在编队中的应用大致可以分为两类：编队拓扑结构改变和编队控制稳定性。两者共同之处在于都是通过车联网来获取道路路况或者编队中其他车辆的状态和行驶数据，前者主要侧重于对车队的拓扑结构进行改变，其中包括车辆的换道、入队、离队和跟队等操作。后者则侧重于对车队整体的信息进行处理，并依靠算法来提高车队行进的稳定性和一致性。

3.3　汽车数字身份

安全是车联网产业健康发展的前提。在车－车、车－路、车－平台、车－设备的连接通信过程中，需要为车辆、路侧设备等赋予可信的"数字身份"，确保各类主体的身份鉴别，抵御非法主体的伪造、篡改等安全攻击，如图3-11所示。一旦缺失身份认证机制，车联网系统将无法安全可靠运行，甚至将严

图3-11　汽车与移动智能终端互联互通

重影响驾乘人员及道路交通环境安全。当前，车联网产业已经进入规模化部署应用的关键时期，完善汽车数字身份机制是一个重要的环节。

3.3.1　车联网的数据特征

车联网技术发展背景下，数据与车联网互动的特征包括：多样性、规模

性、非结构性、流动性、涉密性。

1. 数据的多样性

数据类别不仅包括了汽车基础数据（车牌号、车辆品牌和型号、车辆识别码、车辆颜色、车身长度和宽度外观等相关数据），还包括基础设施、交通数据、地图数据（红绿灯信息、道路基础设施相关、道路行人的具体位置、行驶和运动的方向、车外街景、交通标志、建筑外观等真实交通数据），以及车主的用户身份类数据（姓名、手机号码、驾照、证件号码、支付信息、家庭住址、用户的指纹、面部等生物特征识别信息等）、用户状态数据（语音、手势、眼球位置变化等）、行为类数据（登录、浏览、搜索、交易等操作信息等）等。

2. 数据的规模性

车联网数据融合了来自汽车、道路、天气、用户、智能计算系统等多方面的海量数据，涉及数据类型多，规模大，涉及众多数据处理主体，如智能网联汽车生产企业、车联网服务平台运营企业等，并且随着用户的增加，数据呈指数级增长态势，需要统计分析应用的数据总量也进一步增大。

3. 数据的非结构性

车联网技术下大量的数据通过车辆内置和外挂的设备不断生成，由于各车厂、零部件商在这部分数据规范定义上存在差异，且没有统一的标准，车联网平台之间的数据无法有效同步，数据的非结构性和非标准性对数据聚合或拆分技术以及权限管理和安全存储都带来了巨大的挑战。

4. 数据的流动性

大量相关主体如智能网联汽车生产企业、车联网服务平台运营企业会参与车联网数据的处理，海量数据在用户端、车端、云端等多场景的交互使得数据的流动性增大。如何确保交互流动数据的安全性，是车联网数据安全体系建设中的一个重要挑战。

5. 数据的涉密性

网联汽车在公开道路驾驶过程中，会采集大量的地图数据，采集地图数据形成的测绘成果依据《测绘法》涉及国家秘密的，需要按照《保密法》中的相关规定要求进行分级管理。此外，车联网中的一部分数据可能会落入《数据安全法》体系下的重要数据甚至是核心数据的范畴，一旦未经授权披露、丢失、滥用、篡改或销毁，或汇聚、整合、分析后，可能造成影响国家安全、公共安全等严重后果。

3.3.2　车联网的数字身份

基于物联网无源射频识别（RFID）技术是赋予汽车数字身份的基础，RFID技术具有防伪性、防盗性、防借用和防拆卸功能，可以加密写入的数据，做到对驾驶员与车辆信息的保护，RFID 的识别流程如图 3-12 所示。

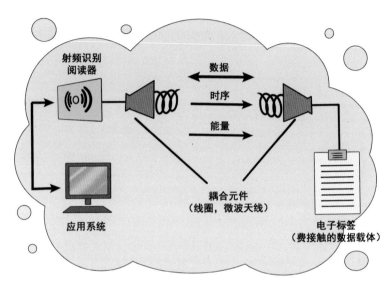

图 3-12　RFID 识别流程图

RFID 技术的核心是公开密钥基础设施机制，即 PKI 机制，是指在开放环境中为开放性业务提供基于非对称密钥密码技术的一系列安全服务，包括身份证书、密钥管理、数据的机密性与完整性保护、实体的身份认证和数字签名等。PKI 是硬件、软件、人员、策略和操作规则等一系列的综合，需要完成对数字证书的创建、管理、保存、发放、废止等功能。由于 PKI 可以用来构建不同实体间的信任关系，因此它也是目前网络安全中的基础与核心。

在智能车联网认证方案中，通过 PKI 机制认证中心为用户和设备颁发数字证书，使各个角色之间相互信任。在通信过程中，收发双方通过对数字证书和非对称密钥机制来确定对方的身份，即信息的发送方身份必须是正确的，恶意攻击等不能对其身份进行冒充，确保车联网的安全。

针对身份认证问题，首先需要明确的是各个节点的信任结构。在智能车联网环境中，信任模型按照严格的层级模型，整个 PKI 证书认证策略的信任域规划为一个根 CA，一个二级 CA 车联网安全加密认证云平台 CA，以及智能网联汽车运营服务平台 CA、平台内部 CA、各车厂 CA 等多个三级

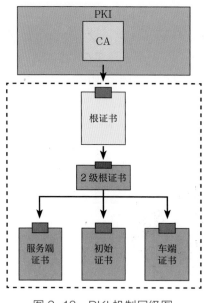

图 3-13 PKI 机制层级图

CA，如图 3-13 所示。根 CA 主要作为全部证书的根节点提供信任服务，签发并下发二级车联网安全加密认证云平台 CA 的证书。二级车联网安全加密认证云平台 CA 主要用于管理、签发下级三级 CA 的证书。平台内部 CA 主要面向本平台内部管理员、各子系统签发证书，签发的证书类型包括 Web 服务器证书、人员证书等。智能网联汽车运营服务平台 CA 主要面向第三方运营平台签发服务器证书。每个车厂都应当建立一个相应的三级 CA，该类 CA 签发的证书类型包括服务器证书、车辆持有人证书、车载组件证书等。

由于在智能车联网 PKI 体系的建设和使用过程中，处于第一层级的根 CA 发放数字证书的数量不多，所签发证书的数量与第二级的数量基本一致。因此采用证书吊销列表的方式对数字证书进行维护，由于发布量小且更新周期长，因此通过证书吊销列表的方式可以保证信任中心的安全性，根 CA 与下级 CA 之间的证书申请、证书和证书吊销列表（CRL）的发放均采用硬件设备为媒介，如加密硬件、光盘等，并采用严格的加密方法。

根据智能车联网中的证书需求，证书管理模块可对下面四类对象签发数字证书，具体如下。

① 个人身份证书：包括车辆的持有人、汽车厂商管理员、第三方云平台管理员、身份认证系统管理员。

② 单位证书：颁发给特定的机构和组织，在 CA 子系统中包括汽车厂商、第三方云平台。

③ 服务器证书：包括汽车厂商车载信息与应用服务器、第三方云平台服务器或其他需要安全鉴别的服务器，证明服务器的身份信息。

④ 设备证书：能够面向车载设备车载系统、车载终端发放设备证书。

其中，通过 PKI 中的证书管理系统对证书进行管理，需要实现的主要功能如下。

① 接收、处理证书：通过用户和 CA 的接口 RA 处理传送过来的数据。当接收到用户提出的申请时，验证证书中与用户有关的信息。如果验证成功，

就为用户生成证书，如果验证失败，就拒绝用户的申请请求。

② 生成证书：生成用户申请的数字证书，在验证完用户的信息后，决定颁发证书给用户，并生成指定格式的数字证书，常采用 X.509 标准的数字证书。在这个过程中，签名的步骤是对用户发来的信息和公钥进行有序排列，之后进行签名。此时，证书生成完成。

③ 证书签发：向申请者颁发已经生成的数字证书，同时将证书存放在资料库中，以便 PKI 体系下的其他用户进行使用。

④ 发布证书到证书库：在颁发给用户数字证书后，将生成的数字证书发布到存储数字证书的证书库中。

⑤ 证书更新：在数字证书的字段中，有对用户证书有效期的描述，在证书失效后，用户如果仍需要对身份进行认证，就需要对数字证书进行更新，更新的时间可以是失效之前，也可以是证书失效后。CA 在接收到用户进行证书更新的请求后进行证书更新的操作。

⑥ 生成证书撤销列表：维护 CRL（Certificate Revocation List，简称"证书撤销列表"），保障有效数字证书集合的正确性。

⑦ 证书查询：提供车联网环境中，用户查询数字证书的功能。

⑧ 证书撤销：对数字证书的不可用状态进行描述，通知整个车联网的用户对不安全、不授信的通信实体察觉。撤销的渠道有两种：一种是定期发布撤销列表，用户查询列表中的不合法证书。一种在线查询服务 OCSP，在需要判断是否有效时，通过网络主动查询，验证数字证书状态。

⑨ 证书归档保存：在 CA 系统中，已经被使用的所有证书都被存储，已被使用或者已被撤销的数字证书被归档保存的目的是验证过去的信息，如果不对证书进行归档处理，那么相关的信息就无法验证。

⑩ 各级 CA 管理：下级认证机构证书及账户管理，根证书对下级的机构进行认证，下级机构证书对机构的账户信息进行管理。

通过对智能车联网中关键节点的分析及相关问题的解决方案，汽车厂商、云服务平台都向根 CA 注册证书，根 CA 通过提供身份认证方案、证书管理等为下一级提供认证服务。用户通过口令因子加移动设备端的数字证书进行认证，保障了设备的唯一性。此外用户还可以通过系统提供的风险预警决策多因子认证的方案减少安全风险的产生。在路侧设施处理能力不强的时候，通过挑战响应的方式避免重放攻击，通过 MAC 的机制对请求方的身份进行认证。

在智能车联网中，通过数字证书的方式来确定收发双方的身份，通信的细节已在数字证书的机制中进行了详细的说明，比较特殊的情况是当用户首次进行证书申请时，如何确保颁发数字证书的正确性。

2020年6月，云南玉溪成为全国首个社会化发行新型汽车电子标识的城市，汽车数字身份应用得到极大推广。这张汽车的"身份证"融合了我们的驾驶证、检验标志、保险、车船税缴税情况等信息，淘汰了传统的纸质凭据，形成了电子化的数据。对车主来说，出行不用携带更多的证件，对交通管理者来说，借助电子标识可以确认车辆的基本信息，可以更轻易地识别交通违章、假牌/套牌、逆行、超速、违停等交通事件，从而更快地做出处理。

依托智慧车牌和汽车电子标识的社会化应用，城市管理部门可以推出一系列涉车便民惠民服务措施，例如目前玉溪已建成一个无感化停车场，之后还将陆续增加无感停车场、无感加油站。车主除了可以"无感亮证"，还能享受到车辆驾驶管理在线预约服务、电子票据在电子证照的后台可查可溯源、车辆年检费用透明化、交通事故快速处置、防套牌、防盗抢等诸多实惠和便利。

汽车数字身份的应用，保障了商用密码体系的应用与蜂窝车联网（C-V2X）的正常运行。在车与云服务平台之间，能够在车云通信场景下，实现车辆可信接入、车辆定位及感知数据的采集、车辆状态信息的上传、汽车远程升级验证、基于安全链路的车云交互等车云通信应用。在车与车之间，能够在重点城市、高速公路、物流园区、港口、矿山、科技园区等场景下，实现基于安全通信的辅助驾驶和有条件自动驾驶应用，包括碰撞预警、盲区预警、变道辅助、异常车辆提醒、编队行驶等。在车与路之间，能够实现基于安全通信的安全预警、效率提升等车路协同应用。在车与设备之间，能够实现基于身份认证和加密技术的车与设备通信应用，包括用户手持移动智能终端的车辆远程控制、车辆信息查询、安全预警等应用。

作为我国认可的汽车数字身份，汽车电子标识结合我国多行业对机动车运行监管和服务需求，具有正确的技术路线，符合自主可控的国家网络安全要求。基于国密算法安全模块的RFID读写设备实现了多行业授权访问控制和共享应用的管理需求，满足自由流交通状态下的汽车电子标识精准识读的需求。基于国密安全算法的密钥管理系统有效保证了各类密钥生成、分发使用和存储等全生命过程的安全管理。汽车电子标识识别系统的实施必将极大提升我国道路交通信息采集和感知能力，有利于智能交通发展和社会综合治理创新，推动我国自主RFID产品在车联网领域国际竞争力的提升。

3.4　车载社交网络

互联网问世后的每一个阶段，从本地到移动，社交都是催化市场的重头戏。如今平均每天 4 小时的人均移动设备社交媒体使用时间，关联了巨大的用户流量和商业价值。相比前三代通信网络的运营商服务之争、第四代通信网络的社交 APP 之争，第五代通信网络的社交模式面临更大不确定性，也孕育着更多的商业场景。当车辆驾驶舱越来越成为我们日常活动的第四空间，车载社交又该如何发展？

在这个以智能手机为主的移动终端通信网络时代步入尾端的时期，由于 5G 技术的发展，我们见证了智能网联汽车这样一个高度集成的移动智能终端的诞生。5G 通信的主题是万物互联，跳出用户需求的单一场景，跨越不同产业的服务平台，贯穿多样化的智能移动终端，可以构建立体化的信息、物质和精神交换方式。在信息的空间架构上是立体的，超越点且跨越面的，围绕个性化纵深的、场景结合的高质量有效社交。5G 时代所带来的并不只是通信能力的发展，随着越来越多的智能化终端进入，价值才能最终体现。智能手机、智能网联汽车、智能穿戴和便携式设备、虚拟现实空间等，让不同空间的融合具备了环境基础，如图 3-14所示。

图 3-14　车载社交应用场景

在万物互联的众多节点里，汽车相比于雨后春笋般的便携式电子设备，拥有更复杂的场景和能力，是智能手机之后行业公认的第二大智能移动单元。汽车和社交本来属于平行世界的两个工具，在汽车逐步联网化并接入大量的信息服务后，车载社交网络一度成为话题。

车载社交网络主要围绕车联网络的构建、驾车信息分享等热点展开。美国麻省理工学院在 2006 年首次提出了车辆中的社交网络的概念，与此同时，他们在车辆中开发了一套名为 Flosser 的系统，主要用于驾车好友之间的信息分享。此后，各大汽车公司纷纷把社交分享功能融入自家的车载信息系统中，其中比较知名的有通用公司的 OnStar 和宝马公司的 iDrive。然而，如何在车联网环境下自动构建社交网络依然是一个问题，Drive and Share 提出了一套基于 IP 多媒体和机器到机器通信的社交网络构建方法，进一步探讨了如何在车联网环境下解决社交网络的信任问题。目前车载社交网络需要考虑以下几个特性。

①功能性。车载通信主要的功能，即实现好友通讯信息的播放和发送，并向好友分享位置信息。从功能层面看，车载通信继承了其在智能手机上的即时通信部分，其使用场景、交互内容、社交对象同手机端没有太大的区别。所以本质上，解决了驾驶员在行车过程中不能使用手机的痛点。

②安全性。任何关系汽车的功能和服务都不容忽视的环节就是安全，任何违反安全标准的场景都是应当被慎重对待的。除了解决人机信息交互工具的问题，关系安全性的还有驾驶员精力的分配，以及使用服务的边界和质量，这是最关键的一环。当手机上的应用进入汽车服务框架，除了交互还应该重构信息服务架构。

③易用性。功能和服务的易用性，也关系出行场景的可靠和安全。社交服务闭环下各个节点的技术成熟度，以及对于行驶过程中信息交互逻辑和内容的设计，需要充分站在用户的角度体验考虑。参考熟人社交、陌生人社交、圈层社交等维度，汽车场景下的社交对象是否是手机上的熟人，或是 LBS 服务点，或是一次偶然同行的车友，或是跟陌生的车辆打个招呼等新场景，还有待结合出行方式的改变进行设计。

在车载社交网络中，车辆可以和路边单元（RSU）建立自己的关系，以自主方式高效地寻找服务和交换信息，目的是创建一个覆盖的社交网络，可用于车辆应用的信息搜索和传播。其中定义了社交物联网场景中的不同社会互动，具体包括以下关系。

①汽车制造关系。其建立在同一汽车制造商的车辆之间。汽车制造关系提供有关车辆状态的有用信息，用于诊断服务和远程维护。

②社交对象关系。其建立在通过 V2V 链路接触的车辆之间。社交对象关系考虑了公共车辆路径和位置，从而在确定区域严格相关的车辆之间形成社交网络。

③共同工作对象关系。其在通过 V2I 链路不断与 RSU 相遇的车辆中建立。这些关系有助于提供交通信息，或在拥堵程度较高的路线上指导驾驶员。

基于社交对象关系的交通信息，可以从朋友处获取有关交通状况的最新信息，以及基于共同工作对象关系的社区服务，RSU 与车辆进行通信，以提供有关道路状况或维护的信息。

同时，车辆社交网络的存在基于以下一个或多个标准，具体包括：

①位置。一辆车正在一个社区行驶，该社区有一个或多个社交网络可供访问。当车辆离开社区时，它将决定是否保持社交网络的成员身份，尽管它无法再与网络的其他成员通信，因为它超出了传输范围。

②内容。车辆可以根据成员之间讨论的相关内容访问社交网络（例如，讨论交通、慢跑等道路体育活动、提供燃油折扣场所的社交网络等）。

③关系。车辆发现并访问一个社交网络，其成员是有共同兴趣的人（例如同事、校友或健身房服务员），并且访问权限仅限于具有现有共性的人。

为了提供基于位置、内容和关系标准的车载社交网络的经典例子，我们可以考虑每天从家到办公室的车辆（即司机）。在旅途中，车辆可以访问不同的社交网络，例如共享交通信息的网络（即基于内容的社交网络）。如果车辆穿过特定的感兴趣区域（即相关区域），驾驶员和乘客可以访问相关的社交网络，其成员是穿过该区域并谈论相关话题的其他用户（例如，该社区的交通监控）。最后，当车辆接近办公室附近的区域时，车辆中的人将访问公司网络。

面对 5G 通信网络下的社交模式，随着场景的复杂化，对于社交服务易用性的考量也会越发凸显。如何让社交工具在汽车出行的场景中发挥更多的价值，告别功能之间的壁垒，提供稳定的服务，还有很长的路要走。

车联网社交给车主带来很好的用户体验，同时也会带来相关的问题。首先就是信息安全问题，车联网使得车辆由一个封闭的系统变为一个开放的网络，其面临的挑战是传统互联网和传统车企所未曾遇见的，只有提升车联网整体的安全机制才能更好地提升车联网的服务。同时，车联网服务和车联网社交平台需要制定相关的法律法规进一步规范服务和社交平台内容，去除低俗、庸俗的内容才能更好地提升车主对于车联网社交的使用。其次车联网社交平台需要对用户的个人信息及隐私进行相应处理，以保证车主的个人信息不被盗取和相关隐私信息的安全。最后，车企需要整合更多的互联网资源，不断丰富车联网服务的内容以及车联网社交平台的功能，为车联网社交服务未来的发展提供更多的空间。

隐私也是车载社交网络的重要研究内容，主要的挑战来自两个方面。其一，车联社交网络中产生的很多数据都是高度敏感的隐私数据，例如用户的行车轨迹、停车位置、同行人员等。其二，由于车联网的拓扑结构的变化性，数据缓存、多跳等是必然的数据传递手段。而在缓存的过程中，容易产生数据泄露风险。因此，如何保证用户社交信息安全的前提下进行数据采集、分享和使用是重要的研究课题。

现有的车载社交网络研究还停留在使用车联网增强社交网中的原有应用，或反过来使用社交网增强车联网的原有应用阶段，从而缺乏深度整合的、新产生的应用。因此，如何发掘并发现新的车联社交网的应用也是一个亟待解决的挑战。例如，是否可以把社交网络游戏中的好友竞争机制引入车联网中，激励好友共同节省排放、遵守交规等。

由于车辆的高移动性特点，车车、车路通信的网络呈现出拓扑频繁变化、经常断开等特征。在拓扑高速变化的网络上如何构造与维护社交网络是一个极大的挑战。其中的研究问题包括：

①共同兴趣结点的发现，即如何查找、发掘与发现共同兴趣，或者有关系的结点。

②在高速变化的网络中，如何低成本地维护一个社交网络的结构，即结点的加入和离开也是一个具有挑战的问题。

③车载社交网络的信息传递。如何高效、开支更少地通过车联社交网络传递信息，这其中包括了信息的单播、多播和社交群内的广播等研究内容。

从线到面，从面到立体化的空间，是社交模式向场景化转变的过程。汽车作为生活中一个越发重要的移动信息工具和载体，是定义和设计下一代用户社交场景的必经之路。围绕出行及其延展空间的各类场景，都可以形成垂类的社交空间，满足不同需求、不同圈层的用户。

第四章 车联网的融合共生

4.1 车联网与相关技术的融合共生

4.1.1 车联网与 5G 技术

在车联网的通信过程中，对于网络的时延要求较高，5G 技术包含的超大带宽、超低时延、高可靠和海量连接等特性，加速了智能驾驶和智慧交通发展。目前，业界各方已对自动驾驶的增强型应用场景广泛开展研究及开发。首先是信息交互的复杂度的提升，实现车与车、车与路、车与云的协同控制，海量信息交互和各式终端状态共享，满足车路协同和车联网各式应用的需求。其次是感知器精度和数据丰富性的提升，随着通信技术的迭代和计算技术的进步，交互的数据包含了超高清视频、多样化的传感器感知信息，甚至动态生成的高精度地图和定位数据，在 5G、大数据等科技浪潮的推动下，车联网与之深度融合将成为未来技术的重要发展方向之一。5G 以下能力可为车联网发展提供可靠的保障。

1. 5G 切片

车联网有多样的应用场景，呈现丰富的业务需求。既存在需要大带宽、高速率的应用场景，又包含需要高可靠性、低时延的应用场景。利用 5G 网络能力，可以为车联网提供以下切片：eMBB 切片，满足车内娱乐、视频监控等需求；车联网低时延切片，满足交通参与者，针对驾驶类业务，对网络时延和可靠性有极高的要求；此外，针对汽车厂商，可提供车厂专属的切片，由车厂单独运营，为旗下品牌车辆提供远程诊断、在线修车等服务。

2. 多接入边缘计算（MEC）

多接入边缘计算是指通过将计算能力和存储能力迁移至靠近用户终端或数据源头的网络边缘，实现应用、业务和内容的本地化、近距离及分布式部署，能够解决网络热点的大容量、低功耗、高连接、低时延和高可靠性的需求。此外，多接入边缘计算可以挖掘移动网络中的数据信息，实现移动网络上下文信息的感知和分析，并向第三方业务应用开放，有效提升移动网络的智能化水平，使网络与业务实现深度融合。以多接入边缘计算为基础的车路协同平台提升了5G车联网通信能力，为车路协同边缘级别事件/应用（盲区检测、车速引导等）提供智能数据采集融合分析和基础应用。

3.边云协同能力

边缘计算落地离不开边云协同，在车联网场景中，边缘计算并不是孤立存在的。云管理平台开展信息管理、交通数据分析和服务策略管理：建立车路协同设备信息模型库，实现交通设施、车载终端、路侧信息模型的搭建、管理，实现模型向边缘的自动化下发部署；实现区域级数据融合分析，为区域级别事件/应用（绿波通行、应急车辆优先通行等）提供智能融合分析能力；提供车路协同应用服务管理及运营维护功能。

4.QoS（Quality of Service，服务质量）保障机制

5G车联网业务相较于其他传统5G网络业务而言，对网络的可靠性有更高的要求。QoS保障通过PCF（Policy Control Function，策略控制功能）的策略授权服务接口，对特定业务流实现带宽、资源优先级等5G接入服务质量保障。

5.NB-IoT

NB-IoT是目前5G工业互联网的基础技术。这一技术聚焦于低功耗广覆盖物联网领域，相较于传统网络具备广覆盖、低功耗、大连接、低成本的特点。NB-IoT结合5G技术全面赋能，大幅提升工业互联网的网络性能，并使万物互联成了可能。

当前汽车数量不断增加，车流量也随之增大，这就要求车联网系统的数据处理、服务功能与计算量不断强化，以往通信架构已经难以满足当前的高要求。在大数据、人工智能技术发展下，车联网组网技术更加成熟，通信架构更加立体，支持多种接入模式，如PC5、UU等等，无论车辆节点是否位于基站辐射范围内，均可实现低时延、高性能的通信目标。现阶段，蜂窝车联网在可靠性、时延等方面拥有较大的提升空间，可在5G技术基础上得到弥补和优化。

6.LTE D2D技术

根据3GPP发展历程可知，全部通信均是以网络为基础而实现。用户A到用户B的任何指令信息都要经过基站，再对后续节点进行处理转发，无法实现用户双方的直接交流。但是，车联网技术的诞生使应用场景发生改变，

通信需求也不尽相同，如车辆自动驾驶场景，传收车辆距离较近，车辆之间直接通讯效果更加显著。在 3GPP 标准体系中，为满足新的通信需求对承载通信方式的标准进行优化，即 LTE D2D，在该标准基础上开展一系列研究，使资源分配、信道分配、需求架构等得以明确，实现 PC5 接口的直通方式。

7. LTE MBMS 技术

在 5G 白皮书中指出，5G 与 4G 相比来说其性能更高，时延达到毫秒级，用户体验速率更快。在 IPv6 部署后，一个脚掌的位置便可设置数十个 IP 地址，以往传输是以应答确认单播点为基础进行通信，现已经无法满足车联网通信需求，应将广播多播技术应用其中，更加全面地分享周围信息。可见，LTE MBMS 属于车联网研究过程中的重要内容之一。

8. LTE V2X 技术

以往技术因无法有效解决干扰、拥塞、覆盖等问题，如同两个平级用户出现矛盾后，没有第三方上级进行仲裁，导致二者陷入僵局。在此背景下，LTE V2X 技术应运而生。该技术可通过直连方式，利用蜂窝网络扮演仲裁者的角色，使干扰和堵塞问题得到有效解决。在 PC5 基础上，LTE V2X 技术的应用采用半持续调度方式，将无线资源划分为多个子帧，有效降低频内辐射，促进信道优化利用，使传输效率得到显著提升。同时具有时钟同步功能，在网络不覆盖的情况下缺少同步源，V2X 支持基站与 GNSS 时间同步。专业的 Qos 技术中 V2X 消息适用于单播传输，只能在 MBMS 中传递 V2X 信息，通过 QCI 的应用可使传输可靠性得到显著提升。

无人驾驶作为车联网的未来重要发展技术，需要海量、实时的数据交互。无人驾驶汽车和车联网通信还需要实时传输汽车位置信息、周边环境信息以及各个传感器的数据，此时就需要更高的网络带宽和更低的网络延迟，而这些则必须依靠可以将通信时延控制在 10 毫秒之内的 5G 通信技术。5G 技术的应用，能够显著扩大网络容量，增加频谱效率，实现连续广域覆盖。基于 5G 技术的车联网建设，能够增强车辆之间的感知能力，高效掌握车辆运行状态，改善用户体验和环境质量，减少交通事故的发生。而基于 5G 技术的车联网平台和智能车载终端将有效推动汽车行业的创新，完善车载 AR/VR 视频通话、车载高清视频监控等功能，扩大了车载娱乐和生产力工具市场，提高车联网的信息服务水平。

将来，在 5G 通信网络大量部署的时代，5G 车联网所构建的可多网接入与融合、多渠道互联网接入的体系结构，基于 D2D 技术实现的新型 V2X 的通信方式以及低时延与高可靠性、频谱与能源高效利用、优越的通信质量等特点为车联网的发展带来历史性的机遇。5G 车联网因无需单独部署路边基础设施、可以和移动通信功能共享计费等特点，将会得到快速发展，并且可以广泛应用于高速公路、城市街区等多种环境。5G 车联网不仅局限于车与车、车与交通基础设施等信息交互，还可应用于商业领域以及自然灾害等场景。在商业领域，商店、快餐厅、酒店、加油站、4S 店等场所将会部署 5G 通信终端，当车辆接近这些场所的有效通信范围时，可以根据车主的需求快速地与这些商业机构建立 Ad Hoc 网络，实现终端之间高效快捷的通信，从而可以快速订餐、订房、选择性地接收优惠信息等，且在通信过程中不需要连接互联网。这将取代目前商业机构中工作在不授权频段、通信不安全、通信质量无法保障、干扰无法控制的蓝牙或者 Wi-Fi 通信方式，也将带动一个新的大型商业运营模式的产生与发展。

"5G+ 车联网"是网联化和智能化发展的关键技术。其优势体现在四个方面：一是增加感知范围，可提前获取城市范围内的关键道路、路口、车辆、行人、信号灯状态等信息，感知更精准，可有效保障行车安全。二是降低感知成本，网络辅助方式，可有效降低单车高精度传感器（高精度雷达等）的部署数量和成本，降低非视距、恶劣环境下的感知成本。三是提升交通效率，通过网络让车辆与道路实时联动，可以增强道路通行效率，缓解交通拥堵，提升城市交通管理效率。四是丰富网联应用，主要包括远程驾驶、编队行驶、自动泊车；车速引导、路况精准提醒；高清视频实时分享。

应用于 5G 车联网的新空口车用无线通信（NR V2X）标准已经基本完成。这些标准的实施将有效促进车辆编队、高级驾驶、远程驾驶等高等级驾驶技术的实现。6G 时代，借助于通信性能的提升，智能车联网技术将会得到进一步的发展：在全连接的车—路—云智能感知与协同决策下，交通系统的安全性与效率将进一步提升；在空天地一体化通信的支持下，全场景下的无人驾驶技术有望得到实现；网络边缘智能水平的提高将推动低成本轻量级智能汽车的大规模应用；城市级全域覆盖的数字孪生系统将实现数据驱动的交通智能决策与管理；高性能网络下的区块链部署将有效增加全链路的安全保障与协同能力，让公众能够更放心地使用新技术，感受出行的安全与便利。最后，车联网的智能交通系统将为社会主义现代化强国建设提供全面的服务和保障，让人民享有更加美好的交通服务。

4.1.2　车联网与云计算技术

由于车载终端能力有限，车联网的很多应用都需采用云端计算技术，通过云计算能整合更多信息和资源并提供及时的服务。云计算能够极大地提高处理速度和效率，提供准确实时的数据和服务，广泛应用于智能交通调度、大规模车辆路径规划、路况分析、车辆诊断等方面。通过云平台能够实现丰富的延伸功能，通过服务整合实现服务创新，如图 4-1 所示。

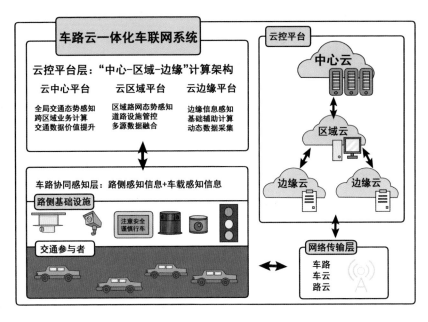

图 4-1　车路云一体化车联网系统

在车联网中，云计算的作用是对路况等信息进行计算分析，并提出大规模车辆路径规划、智能交通调度等的合理建议。云计算在车联网中的应用，不仅可以实现对各项业务的快速部署，还能在较短的时间内完成对用户提供 Telematics 系统服务的任务，更能实现系统各项服务的强大支持作用，如实时数据的广泛应用、云导航等。此外，由云计算支撑的云平台会根据用户的需求，结合实际的路况以及突发事件等各种因素，对用户的要求提出最便捷的调整规划建议。云计算还为车联网与互联网、移动互联网的服务整合提供了技术支持，并为服务创新、提供增值服务奠定了基础。通过服务整合，可以为车载终端提供更合理的、更有价值的服务，如对呼叫中心服务与车险业务、远程诊断与现场服务预约、位置服务与商家服务等服务的优化整合。

4.1.3　车联网与区块链技术

作为一种新兴的去中心化安全防护与数据共享技术，区块链技术恰好能够整合多层级边缘智能的强大计算能力，建立车联网边缘的内生安全保障机制。但区块链引入的全网共识机制将极大地增加网络的传输开销，当前的车联网网络条件还难以满足其大规模部署要求，因此限制了技术的应用。面向5G，车联网系统的网络性能将得到大幅提高，网络传输能力将不再是区块链技术部署与实施的瓶颈。通过区块链技术和车联网边缘智能系统的整合，区块链的安全保障能力将与边缘环境下的先进性能相互补充，进一步提高车联网系统的安全性与隐私保护能力，促进区域资源充分利用，有效防范恶意节点攻击，提供安全可信的边缘协同服务，从而实现多层级边缘智能下的安全传输、高效认证与共享协同。

针对车联网的特性以及中心化储存的不足，可以通过基于椭圆曲线的加密技术，实现对外部攻击的防御。通过基于 Beta 分布的直接信任和基于 PageRank 算法的推荐信任相结合的信任评估，实现车联网内部攻击的防御。智能合约的设计，提供了信息上链、查询以及信任评估的功能，利用基于 RAFT 的区块链技术，大大降低时延，同时提高了吞吐量。在未来的发展中，云计算与边缘计算不再是相互竞争而是相互依存的关系。两者的相辅相成，将形成一种"边缘—区域—中心"体系下的多层级服务连续体。其中，边缘计算保证了数据生成时的预处理、态势分析和实时决策，进而在区域级节点的协同下实现异构信息的融合与优化，最终在云计算支撑下实现跨领域数据分析、城市级交通运行态势识别和行为预测，满足不同车联网场景的应用需求。区块链与车联网的融合使用场景具体如下。

V2V 通信。车辆网络是一类特殊的移动自组网（MANET）。目前国内外对车辆网络的研究大多基于车载自组网（VANET），车载自组织网络（VANET）采用 Ad Hoc 的网络形式以便实现车与车（V2V）的直接通信。路基设施与车的通信在顶层是靠路侧单元（RSU）与车载单元（OBU）完成。为了实现网络的负载均衡，避免出现因路侧单元负荷过大而造成的单点故障影响整个系统，利用 RSU 和 OBU 的通信实现车与车的直接对话机制，V2V 也越来越倾向在一定程度上实现去中心化的功能。通过将车牌作为全网内的唯一标识应用到车联网中，再利用标志密码算法，可以保障车辆之间共享信息的私密性，同时满足在车联网系统中实现快速身份认证。区块链技术还可以通过智能合约来约束通信车辆双方的权利和义务，其去中心化的理念适合小范围内车辆自组织网络中实现车与车的直接通信。V2V 通信使得车辆通信更加安全私密化，在紧急情况下提高效率与准确性，造福人类。

4.1.4 车联网与人工智能技术

1. 自然语音识别技术

汽车的驾驶具备一定的特殊性，人在使用车联网进行人机交互时，不可能在驾驶汽车的同时利用鼠标、键盘、手机触摸屏，因此语音交互是车联网实现人机交互的最佳方式。采用语言交互一方面可以提高人在驾驶过程中使用车联网的安全性，另一方面还能提高使用效率，是车联网发展重要的助推器。成熟的语言技术可以使人通过语音向车联网发出指令，并只需要用耳朵接收来自车联网的服务信息，可以在汽车这种快速移动的空间内获得更好的使用体验。当然，语音识别技术的成熟离不开强大的语料库建立及相关的运算能力，由此也决定了车载语音技术必须依赖于网络，采用基于服务端技术的"云识别"技术，才能实现对大量的语音识别，并获得更好的发展。否则仅仅依靠车载终端的存储能力和运算能力，无法有效解决好多种语言甚至方言的识别和非固定命令的语音识别的问题。

2. 计算机视觉技术

相比与计算机来说，驾驶员的驾驶技术并没有那么稳定，通过计算机视觉相关算法可以很好地弥补因驾驶员自身而导致的一些安全问题，比如疲劳驾驶检测、行人检测、团雾检测、车辆安全距离检测等，并通过计算机视觉技术对汽车进行安全预警，可以很大程度降低因驾驶员自身或突发事件导致的汽车事故。由于计算机硬件技术的发展，当前很多复杂的视觉算法有可能运行在驾辅系统上，进一步降低了传输效率问题导致的预测不及时的问题。

4.1.5 车联网与大数据技术

车联网由众多的功能模块组成，各模块分散于不同的交通部门，使得城市交通指挥与管理过于分散而出现延迟现象。运用大数据技术后，可以有效解决这一问题。大数据技术具有集成、高效、整合的优势，可以将分散的信息数据集成到统一的信息中心平台，为用户提供全面、精准、可靠的数据信息，使车联网功能有效拓展和集成，从而满足交通调配和疏导。大数据的另一优势就是使车联网转化为智能管理系统。例如，当某一路段交通不畅或车流量小，大数据可以即时快速地调出相关信息，从而使车联网系统拥有准确的交通信息，实现车辆分流并使交通持续畅通。此外，大数据的准确性极高，能够及时更正车联网的错误信息，从而实现精准监控。大数据技术在车联网中的应用主要包括以下方面。

1. 汽车故障检测与维护

信息控制平台通过对 OBD 系统（on-board Diagnostic，车载诊断系统）的监测，获取实时的车辆状态信息，车主可以根据车联网信息中车辆各部件的使用与磨损情况大体判断是否应当进行维修与保养，或者将具体信息直接连线相关服务商，精准检测汽车故障，提供准确的维护建议。可以预定维修或保养服务，服务商提前备货，车辆到达之后及时进行维护，节省车主的等待时间。

2. 道路交通疏导

首先，交管部门可以根据道路状况及时对信号灯进行调整来疏导交通。其次，还可以根据车辆通行数据来确定是否需要对信号灯进行增减，进而提升车辆运行效率。

3. 优化交通规划

通过车辆运行路线的大数据，可以优化道路交通网络，为道路、地铁、公交线路的优化以及停车场地的规划提供参考。

4. 优化行驶路线

车主可以根据车联网中的道路交通数据选取相对畅通的路线行驶，还可以根据车联网中提供的停车场、旅游景点、酒店、餐馆等数据选择相关路线来进行消费娱乐。

4.1.6 车联网与其他技术

1. 多传感器信息融合技术

集合了车、路、人的车联网网络，主要由车的传感器网络和路的传感器网络构成。其中，车的传感器网络还可细分为车内传感器网络和车外传感器网络。车内传感器网络主要是将车内的状况信息向人传递的网络，而车外传感器网络则负责将其感应到的车外环境状况向人传递。路的传感器网络则通过在交通道路及其周边铺设信息传感器，对道路信息进行感知和传递。车联网中车的传感器网络和路的传感器网络都是通过对行车环境的感知，使相关网络获得独特的内容，在对这些内容以一定的准则进行整理、分析、计

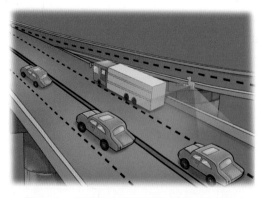

图 4-2 车联网中多传感信息技术的应用

算后，找到各种单个传感器获取信息，依据某种准则进行组合，形成基于知识推理的多传感器信息融合。这种融合技术使得车联网的发展更具特色，如图4-2所示。

2. 开放智能车载终端系统平台

车载导航娱乐终端在车联网中的应用已有一定的时间，然而就当前的情况来看，基于不开放、不够智能的终端系统平台并不利于打造成功的车联网生态系统。目前，车联网的用户终端主要有 IOS 系统、Android 系统等，由此也决定了车联网的终端系统平台必须能搭载于使用 Android、IOS 平台载体的平板电脑、手机、导航仪等设备。虽然当前一些非开放式的操作系统在车联网中的应用效果较好，但从长远的发展来看，这种封闭式的操作系统在未来必然会因为开放性问题在发展过程中遭到制约，形成难以突破的瓶颈，因此只有开放系统平台，才能更好地为用户服务。

3. 高精度定位技术

位置信息为车联网业务提供了重要参考，位置信息越准确，车联网业务可靠性越高。因此，高精度定位研究是实现车联网业务的关键技术之一。

室外场景下，常用的定位技术包括 GPS、北斗、辅助 GPS（Assisted GPS，A-GPS）以及基于无线通信蜂窝网络的定位，如小区 ID 技术（Cell-ID），增强型小区 ID 技术（Enhance Cell ID，ECID）。

其中北斗导航定位系统是我国拥有独立知识产权的卫星定位系统，目标是形成完善的国家卫星导航应用产业支撑、推广和保障体系，推动卫星导航在国民经济社会各行业的广泛应用。

而在室内场景下更为复杂，为满足室内定位性能要求，近年来国内外学者及科研机构研究利用 WLAN、射频识别（Radio Frequency Identification，RFID）、超宽带（Ultra Wide Band，UWB）、蓝牙等无线网络来实现室内移动终端的定位技术，其定位精度可达米级，而采用 UWB 技术甚至可达厘米级精度。

4. 无线定位系统

无线定位系统主要由两部分组成，包括信息提取和位置计算。信息提取：可用于定位的对象包括无线信号（例如 GPS、北斗、Wi-Fi、蜂窝网等）、传感器（例如加速器、陀螺仪等）以及地图信息等，而不同的对象提取出的定位信息参数也各不相同。对于无线信号，收发机之间距离信息需要通过估计两者无线信道链路的参数信息来获取，该参数包括接收信号强度（Received Signal Strength，RSS）、到达时间（Time of Arrival，TOA）、到达时间差（Time

Difference of Arrival，TDOA）、到达角（Angle of Arrival，AOA）等。实际接收的无线信号受非视距传输及多径效应、阴影效应的影响，因而即使能精确估计信道参数信息，也难以获取准确的收发机之间的直线距离。传感器获得的是定位目标的运动方向、步长等信息。地图信息通常通过绘制高精地图，获得向量化参数，用来对定位目标进行约束或优化。上述参数是进行下一步位置计算的前提。位置计算：定位算法是整个定位系统性能的关键性影响因素，一方面要求定位算法有较好的精准度，另一方面又要求定位系统有较低的复杂度和时延。精准度与复杂度之间的平衡，是定位系统开发考虑的重要因素。根据提取参数的不同，采用的定位算法也各不相同。例如根据无线信号提取的参数，可以采用非线性方程组算法、最优化算法或图样匹配算法，而传感器信息和地图信息则可采用位置跟踪算法，包括粒子滤波、路径约束等。另外，在高精度定位系统中，通常采用多源信息融合的混合定位算法。

5. LBS 位置服务

LBS 位置服务可分为以整合服务产业链、为车联网用户提供导航为主的传统服务和具有网络互动性功能的新型服务两种。传统服务与新型服务的区别在于，传统服务主要以静态的、单向的信息服务为主，而新型服务则是基于车联网的动态服务。传统服务可以满足用户的位置信息搜索需求，如定位餐馆、娱乐、加油站等，以及提供资讯推送、天气提醒、汽车服务信息等。新型服务则通过移动互联网与车联网的连接，可向用户提供位置信息共享、自定义交通信息生成、用车经验交流、基于位置的优惠信息提供等个性化服务，并在此基础上不断延伸，将固有的服务项目进一步创新，为用户的生活、工作、娱乐等提供更多便利。

6. 可信计算

可信不但是人类社会赖以发展的基石，而且是网络空间安全的前提。人与人之间的交流需要建立在彼此信任的基础上，物与物之间的互联也需要可信技术的支持。作为信息系统的一种安全技术，可信计算通过在系统中建立一个高度可信的信任根，然后以根为源点建立一条信任链，在该信任链上进行逐级认证，实现信任关系的逐级传递。可信个人计算机系统中信任链的建立和传递过程中，其核心思想是在传统的个人计算机系统中引入可信功能模块作为可信根，并以计算机系统固有启动的各个环节为节点建立信任链，通过信任链传递技术，依靠其提供的完整性度量和验证服务，逐级构建安全可信的计算环境。具体的实现过程为：

计算机系统加电启动，在执行自检例程之前，BIOS 的引导模块首先对

BIOS 进行完整性度量和验证，当验证通过后说明 BIOS 是可信的，并将系统启动的控制权交给可信的 BIOS，执行 BIOS 程序。

对操作系统加载器进行完整性度量和验证，当验证通过后可信的系统加载器开始接管系统的控制权，开始启动配置数据，执行系统的引导程序。

对操作系统的核心文件以及设备的驱动程序等文件进行完整性度量和验证，当验证通过后说明这些重要文件没有被病毒等恶意代码感染，而且设备驱动程序是可信的。之后，系统的控制权开始交给可信操作系统。

当运行应用程序时，可信操作系统上对该应用程序的核心文件进行完整性度量和验证，防止应用程序被病毒破坏或恶意代码攻击。

与传统单一功能的安全技术不同，可信计算环境的构建不能单独依赖某一类软件或硬件来实现，而是基于多技术融合，将多项软件和硬件进行有机结合，通过在传统的开放系统架构中引入可信功能模块，并将其作为可信环境构建的信任根，通过信任链的建立进行逐级的认证和安全可信的传递，最终建立一个从系统硬件底层到应用软件的安全体系。可信车联网环境的构建，需要建立车辆身份、接入网络、承载网络、应用程序等所有网络组成元素之间的信任关系，各元素都能够成为信任链上的一个个节点，实现节点间的逐级认证和信任关系的传递。PKI 体系基于可信第三方认证机构 CA 中心提供的协议，利用数字证书技术，对用户身份的真实性和有效性进行验证。为此，引入基于 PKI 体系的证书签名机制，通过权威、可信的 CA 中心，实现数字证书从申领、颁发、使用、更新、废止等环节的管理，构建可信的车联网环境。由于车联网是一个开放的系统，为应用程序进行数字签名可防止程序的二次打包或恶意篡改，提高程序的抗伪造能力，实现对软件产品的保护。对于车载操作系统而言，通过数字签名机制可以判断应用程序的可信性，尤其是涉及系统安全的应用程序以及设备驱动程序，通过对其完整性的验证可以识别是否被恶意代码感染，增强系统的安全性。

可信计算技术在车联网中的应用，能够在一定程度上预测车辆节点的相关操作，抵御病毒等恶意代码的入侵以及有效防范 Sybil、黑洞、虫洞等攻击行为的发生，也可以在一定范围内抵抗物理干扰。基于可信计算技术的车联网系统，在实现车辆节点安全接入的基础上，为节点间的通信提供了可靠性和可用性，为车联网安全问题的解决从理论和技术层面提出了一条有效的途径。

以汽车为节点的车联网的发展，使汽车之间以及汽车与外界的信息交互将更加频繁和复杂，并且各个节点之间的信息交互是通过空中的无线通信完成，在这种信息交互的过程中，外部攻击、被植入恶意木马病毒及个人隐私被盗窃等风险是非常大的挑战。因此，为了加强车联网信息及控制系统工作的安全性，对车联网环境下智能网联汽车信息安全的研究是必要的。

4.1.7 技术融合对车联网的影响

（1）智能汽车将成为车辆主流产品。从国外智能汽车发展的历程和现状来看，汽车智能技术都是以提高出行安全和行车效率为主要目的。以传感技术、信息处理、通信技术、智能控制为核心，车路、车车协同系统与高度自动驾驶的智能汽车已成为现阶段各国发展的重点，也将成为市场竞争制胜的关键因素。

（2）大数据、云计算与车联网相融合。车联网将车辆本身信息、车辆位置信息、驾驶员信息、天气情况、交通状况等数据搜集起来，通过大数据与云计算分析，能够获取深层次的洞察，如对驾驶员驾驶习惯和出行模式的理解，对车辆故障识别和预警，对商用车的调配和运输成本的减少等。

（3）跨界合作和服务创新日益显著。随着生态系统变得更加健全，汽车网络将提供更加多样化的服务，O2O和汽车售后市场的渗透，跨境协作和服务创新正变得越来越明显。例如，在保险业，可以通过车辆联网技术更好地将保险费与实际风险相匹配，以及根据驾驶行为和里程数提供个性化的汽车保险费率，来更精确地评估和定价风险，如图4-3所示。

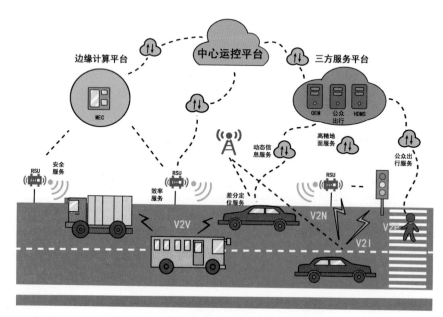

图4-3 多技术融合应用下的车联网系统

4.2 车联网与智能交通系统

在经济快速增长的大环境下,机动车保有量日益增多,人们在享受交通便利的同时,交通安全、交通堵塞、空气污染等问题也接踵而至,带来的影响也日渐显著。为了保障人民出行安全,提升出行效率,满足群众的出行获得感与幸福感,智能交通应运而生,诸多国家均对智能交通领域进行了充分的探索与研发,智能交通行业取得了快速的发展。由于城市车辆覆盖范围很广,因此将车联网技术应用到智能交通领域,能有效提升交通管理以及交通服务水平,为智能交通的发展注入新动能。

4.2.1 智能交通系统

智能交通系统(Intelligent Traffic Systems,ITS)是将先进的信息技术、数据通信技术、传感器技术、电子控制技术以及计算机技术等有效地综合运用于整个交通运输管理体系,从而建立一种大规模、全方位、实时、准确、高效的综合运输管理体系,如图 4-4 所示。

智能交通系统是一个由多个子系统共同组成的复杂的综合性系统。目前

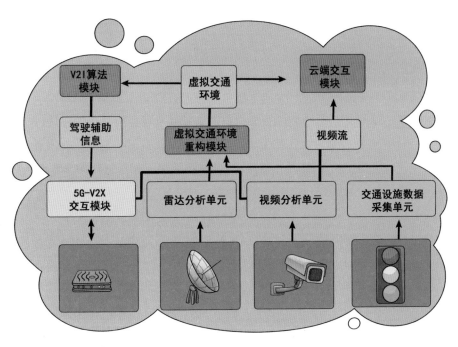

图 4-4 智能交通视角下的车联网

其子系统有交通信息服务系统、交通管理系统、智能公交系统、车辆控制系统、货运管理系统、电子收费系统、紧急救援系统等。这些系统共同作用，进而形成一种能保障运行安全、提高效率、改善环境、节约能源的智能交通系统。

①交通信息服务系统。交通信息服务系统是指通过信息处理软件把从路侧端、车端等集中起来的各种信息，处理成需要的交通数据信息，并实时向交通参与者提供道路交通信息、换乘信息等与出行相关的其他信息。出行者根据交通信息服务系统提供的信息确定出行方式及出行路线。

②交通管理系统。交通管理系统通过监测系统对道路交通状况、交通事故、气象状况、交通环境实时监视，依靠先进的车辆检测技术和计算机信息处理技术，获得有关交通状况的数据，向交通管理部门及驾驶员提供相关信息，并对道路交通流进行实时疏导、控制以及对突发事故应急处理。

③智能公交系统。智能公交系统应用全球定位技术、无线通信技术、地理信息技术等，实现对公交车的实时调度监控运营。有效降低公交运营的成本，提升公交服务质量，极大程度方便人们的生活。

④车辆控制系统。车辆控制系统是一种驾驶辅助系统，指应用传感器、卫星定位、视觉计算、人工智能等新兴技术帮助驾驶员控制车辆，进而保障车辆安全、高效运行的系统。

⑤货运管理系统。货运管理系统基于全球定位技术、通信技术、人工智能等为驾驶员、货主及交通管理者实时提供货物相关信息，进而实现对车辆及货物的定位、监控、跟踪、调度、配载等功能。

⑥电子收费系统。电子收费系统是一种通过安装在车辆上的车载设备与收费站路侧单元无线通信，自动识别车辆信息并支付通行费用的系统。

⑦紧急救援系统。紧急救援系统是基于交通信息服务系统、交通管理系统及相关救援机构与设施，为道路使用者提供车辆故障紧急处理、现场救护、排除事故车辆等救援服务。

4.2.2　车联网与智能交通系统的关系

车联网管理系统结合当前最新的卫星定位导航技术、无线通信技术及视频监测技术、云计算技术等，集成各车载终端 GPS 位置及轨迹查询、定时抓拍图片、远程路线回放、智能手机 APP 监测等先进功能，充分挖掘交通数据资源中各种相关、隐藏、深层次的信息，构建人、车、路、环境四元交通要素信息协同的信息服务平台。与此同时交通管理者可以通过车联网中的车载终端对行驶车辆周围环境和基本路况数据进行实时监测与管理，并通过车载终端反馈信息，实现道路、车辆和驾驶员之间的实时通讯，进而实现智能交通管理优化。

车联网是车辆控制系统有效运行的基础，同时车辆控制系统也是车联网的一个应用。除此之外，公交管理系统和货物管理系统是车联网在不同行业中的应用。公交管理系统将车载终端传送回来的交通信息和车辆信息保存在管理系统的数据库，然后各类业务处理模块对交通信息和车辆信息（包括位置信息）进行分析和处理，提高公共交通效率。对于货物管理系统来说，车联网技术能够通过对移动载体的综合监测实现货物运输过程的实时管理与监控，为其安全出行和智能化管理保驾护航。

电子收费系统实现了车辆与路侧基础设施之间的互联互通，是车联网的典型应用之一。车联网服务平台向路侧收费处理平台提供车辆经过收费站的时间、地点及车型信息等，依托这些信息，收费平台根据相应规定计算出通行费，完成自动收费。

紧急救援系统是车联网的基础服务。车联网系统能够对紧急情况下的状况进行有效的证据获取和抓拍，同时依托大数据传输等功能连接移动办公单位专线，开展应急指挥调度，帮助相关车辆合理地处理紧急事件。

总体而言，车联网与智能交通系统的结合是以应用为驱动，围绕"安全"和"畅通"两大交管永恒主题，深度融合人、车、道路、事件等基础信息，消除数据孤岛，深入挖掘交通多维数据价值，形成事前有预警、事中有预案、事后有分析的交通管控闭环，配合交管部门打造安全、畅通、文明的交通管理工作新格局。"安全"包含了智能执法和数据治理两大方向。智能执法，即基于电警、卡口、视频数据后端二次解析，实现30余种违法行为多维识别、全域感知违法图片 AI 预审、涉驾人员精准打击；数据治理，即重点车辆管理、一车一档，事故分析预警、智能研判等。"畅通"则包含 AI 交通态势研判与精细化道路管控两大方向。其中 AI 交通态势研判分为交通数据监测、交通报告、交通态势研判、交通预案；精细化道路管控又细分为事件检测、流量监测、可变车道、优先通行、智能诱导发布，如图 4-5 所示。

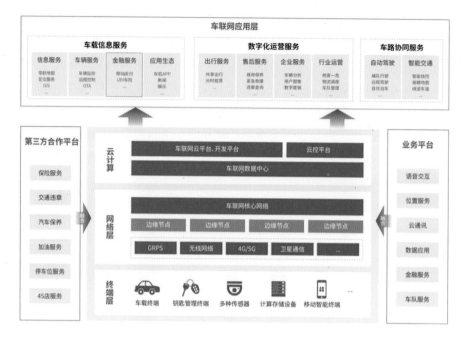

图 4-5　车联网与智能交通的协同融合

车联网与智能交通系统所涉及的技术范畴与应用领域是相互融会贯通的，它们的最终目标均是为人们提供安全、便捷、高效的交通通行环境，提升道路利用率，降低能源消耗与环境污染，实现人、车、路、环境的高度协同。随着社会的快速发展，人们对高质量交通服务的追求更加明显，对车联网应用以及智能交通系统的运行与管控提出更高要求，也为车联网及智能交通的发展提供了新的机遇。

4.3　车联网与车载信息服务网络

车载信息服务网络是智能网联汽车中以车内总线通信为基础的车内网络，是满足车内设备电动化、智能化、网联化、共享化方向发展连接要求发展起来，实现车内传感器与控制器，控制器与控制器之间实时进行信息交互，使车辆具有状态感知、故障诊断和管理控制等功能。

车载信息网络不仅可以降低布线成本，满足 ADAS（Advanced Driver Assistance System，高级驾驶员辅助系统）和许多其他复杂应用程序的带宽需求，而且车载网络的数字传输在信号完整性和鲁棒性方面具有较强的优势。在现代车载网络中使用最广泛的有五种网络：CAN（Controller Area

Network，控制器局域网）、LIN（Local Interconnection Network，本地互联网络））、FlexRay、以太网和MOST（Media Oriented Systems Transport，面向媒体系统传输）。CAN是OBD（On-Board Diagnostics，车载诊断）数据的标准接口，广泛应用于动力系统和车身控制领域。LIN通常用于不需要严格的定时性能低速通信。FlexRay具有高度的确定性和容错性，通常应用在高级机箱控制和通信主干网应用中。以太网具有高速数据传输能力。

1. CAN网络

CAN网络是1983年由博世公司（Bosch）开发，并在多个ISO标准中采用。CAN是主流的车载网络，用于传输车载通信信号，主要在动力传动系统和电子设备中，拥有从数据设计到代码自动生成、从网络模拟到软件验证的成熟接口。CAN嵌入式软件丰富，通过标准化接口提高硬件和软件组件的互换性和可重用性，显著降低软件集成和测试的成本。

CAN是一种运行速度高达1Mbps的共享串行总线，采用线性总线或星形拓扑连接，它的优点是相当便宜而且非常可靠。CAN网络不需要全局计时器来调节单个节点在接收消息时同步时间，节点以事件触发的方式访问网络，在总线空闲时，每个节点都可以平等地访问总线。CAN拥有强大的抗噪声和容错能力，采用非屏蔽双绞线（UTP）让CAN具有更高的抗外部共模干扰能力，CAN收发器也能够确保网络的稳定运行。发射机自检（位错误和确认错误）、接收机交叉检查（循环冗余检查错误）和双边检查（填充错误和格式错误）等多种错误检测方法，提升CAN的安全性。它的缺点是带宽相对较低，由于CAN是一种共享媒体而不是交换网络，任何传输都会占用总带宽。目前CAN主要用于动力系统、底盘和车身电子设备。

2. LIN网络

LIN网络是由汽车制造商和技术合作伙伴组成的开发联盟在2001年提出的。LIN总线设计较小、传输速率较低，它主要与智能传感器和执行器进行通信，是一种使用UART（通用异步接收器/发射器）端口来传输和接收串行数据低成本通信网络。LIN是一种主从式体系结构，采用一个主节点多个从节点的固定网络拓扑结构，支持最多15个从节点，不同的节点根据存储在主节点中的调度表访问网络。主机具有更大的处理能力，从机只需要非常有限的处理能力，这使得硬件成本非常低。LIN主要采用补码加法校验来检测传输错误，通过轮询传输机制除消息冲突和仲裁延迟，最大数据速率为20 Kbit/s。LIN作为现有汽车网络CAN的补充，用于实现汽车中的分布式电子系统控制，它的目标是简单且时延要求较低的应用。在不需要CAN总线的带宽和多功能的场合，如传统的中央门锁、车窗升降器控制、后视镜调整、方向盘按钮模块和许多低刷新率感器，使用 LIN 总线可大大降低成本。总的来说，LIN 总线的主要优点是成本比 CAN 低。

3. FlexRay 网络

FlexRay 网络是 2005 年由半导体、汽车和基础设施提供商组成的 FlexRay 联盟专为车内联网而设计的一种车载网络通信协议，旨在确保高数据率、容错性，用于增强 LIN 和 CAN 等网络的容错性同时增加带宽，FlexRay 标准已经成为一套 ISO 标准。FlexRay 有两个并行通道，确保其中一个通道出现任何通信故障时整个系统仍然能够正常运转，每个通道数据速率最高可达 10 Mbit/s。FlexRay 支持点到点连接、星形连接、线性无源总线、混合拓扑等多种网络结构，并且两个通道之间的连接类型也可互不不同。两个独立的通道有助于增强其抗故障能力，通过不同的通信线路和总线驱动器进行物理分离，执行信号采样、编码、解码和冗余检查，确保 FlexRay 足够可靠和安全，主要用于高性能动力系统如驱动副线、主动悬架、自适应巡航控制等方面。FlexRay 没有错误恢复机制，而是将错误处理留给应用层。它的优点是比 CAN 具有更高的带宽，缺点是成本高。

4. 车载以太网

汽车上使用的软件越来越复杂，基于计算机的系统、应用和互联需求越来越多，由此带来带宽需求的不断增长，导致在布线、网络接口和车载计算设备的成本逐渐增长。在现代车载以太网中，不同的站点通过高速以太网交换机互连，以点对点的拓扑结构以全双工方式通信。以太网可以无缝地集成到现有的以太网中，汽车以太网可以轻松地利用现有的以太网基础设施，可以大大降低相关成本，摄像头和信息娱乐数据通过使用 UTP 以太网电缆可以节省高达 80% 的连接成本和 30% 的电缆重量，以太网成为 CAN 和 FlexRay 之外的下一代车载网络。车联网数据在精简双绞线以太网上可以实现每秒千兆传输，未来，汽车以太网端口总数将高于所有其他以太网端口数的总和。

5. MOST 网络

MOST（面向媒体的系统传输）由家用数字总线（D2B）演变而来，2001 年 MOST 合作公司提出，MOST 网络支持环状或星型连接结构，最多可以连接 64 个设备，具有随插即用的特性，允许随时增减节点数。MOST 针对车载多媒体和信息娱乐数据传输进行优化，能够可靠地传输数据，MOST 支持以 25 Mbps 到 150 Mbps 的波特率传输流数据、分组数据和控制数据。

MOST 具有较高的带宽，但由于其成本较高，通常用于摄像头或视频连接。

表 4.1 车载信息服务网络比较

网络	相对成本	典型带宽（bit/s）	容错率	拓扑结构	安全威胁	典型应用
CAN	中低	125K 500K	中低	总线型	高	发动机控制器，传动单元，弹性稳定控制，座椅模块，集群控制，环境控制，座椅模块，智能电气中心，标准 OBD-II 接口
LIN	低	11.2K 19.6K	低	总线型	低	电池监控，窗口升降机控制，转向轮按钮总成，温度传感器，鼓风机控制，天窗模块，交流发电机模块
FlexRay	高	5M 10M	高	总线型、星型混合型	中	转向角传感器，安全雷达，全车轮驱动，节流阀控制，动态悬挂控制，辅助约束系统，主动安全系统，主干网络
Ethernet	中	100M	中高	点对点	高	ECU 闪存接口，相机，安全雷达、娱乐单元、消费类电子设备，主干网络
MOST	中高	25M,50M 或 150M	中	环形	中高	信息娱乐单元，中央控制台，放大器控制，后座娱乐单元，音频模块，导航系统

除了上述常用的网络服务外，此外还有如 VAN（Vehicle Area Network，车域网）、TTCAN（Time-Triggered CAN，时间触发 CAN）和 LVDS（Low-Voltage Differential Signaling，低电压差分信号）等。

VAN 是由标致雪铁龙（PSA Peugeot Citroën）和雷诺（Renault）开发的一种串行协议车辆总线，速度可达 125 kbps，并在 ISO 11519-3 中进行了标准化。VAN 是一种具有显性和隐性状态的差分总线，这点与 CAN 总线类似。

TTCAN 是 CAN 协议的扩展，将时间触发通信和高精度的全系统全局网络时间引入 CAN 网络。时间触发 CAN 已被接受为国际标准 ISO CD 11898-4，提供时间标记中断、秒表和与外部事件的同步等功能。

LVDS 于 1994 年推出一种高速串行通信接口，在 LCD 电视、车载娱乐系统、工业摄像头和机器视觉、笔记本电脑和平板电脑以及通信系统等产品中广受欢迎，典型的应用是高速视频、图形、摄像机数据传输和通用计算机总线。

随着电子、计算机和网络在车辆中的作用不断增加。车辆不再是一系列孤立的简单系统，而是成为车联网的一部分。车联网与车载信息服务网络有很多典型应用场景，例如通过手机或 Wi-Fi 连接接入互联网的"联网汽车"开始出现，这些系统不仅具备实时传输交通信息、通信和视频流等功能；还能够通过访问车内的内部网络和计算机，远程诊断和更新固件。除此之外，车联网中的车车通信（V2V）可用于车辆之间的协调。通过获取其他车辆的实时信息以及车辆与其他环境物体之间关系的信息，可以计算安全距离并采取规避行动。美国国家公路交通安全管理局（National Highway Traffic Safety Administration）估计，通过使用 V2V 技术可以避免 79% 的车辆碰撞。"增强现实"仪表盘将提供有关道路上物体的距离信息，并可以放大以看到远处的物体，遇到危险和紧急情况能够提示如何避免危险。未来，车辆将能够在无需任何驾驶员的情况下运送乘客和货物。通过使用摄像头、雷达和激光，汽车可以比人类更快、更可靠地处理和分析信息，充分利用道路实现车辆编队运输。

第五章 车联网的发展保障

5.1 车联网的机遇与挑战

5.1.1 车联网的机遇

1. 城市和交通数字化大趋势引领车联网发展

当前我国城市化加速发展、城市规模不断扩大，交通拥堵、住房紧张、能源紧缺、环境污染、供需矛盾加剧等"城市病"突出，传统的城市生产、生活、治理方式面临极大挑战，在新发展阶段，城市数字化转型已不再是城市发展的"可选项"，而是"必选项"。推进城市数字化转型，构建与城市数字化发展相适应的治理体系与治理能力，已成为未来塑造城市核心竞争力以及推进城市治理现代化的重要之举，随着数字技术的进步和广泛应用以及数字技术迭代性发展，城市各领域都开始分头推进数字化转型和智能化改造。交通数字化作为城市数字化的重要组成部分，推动交通数字化转型是实现城市治理体系和出行服务能力的必然要求，更是实现住房和城乡建设部、工业和信息化部联合推动的智慧城市基础设施与智能网联汽车协同发展试点城市（简称"双智"试点城市）建设目标的重要落脚点。而车和路的智能化是交通数字化建设的主要内容，车联网作为实现车和路互联互通的重要技术手段，是交通数字化的基础支撑。车联网作为一项技术，不仅服务于辅助驾驶、高等级自动驾驶等智能网联汽车应用，还能够有效服务于城市交通管理、城市数字化治理等系统性问题。城市新型道路环境下车联网应用创新活跃，信息服务类应用普及，在网联技术赋能下实现创新发展；智能驾驶类应用加速渗透，与网联系统逐步耦合；智慧交通类应用不断深化，逐步衍生出新型场景。

城市精细化治理需求驱动道路新型基础设施转型升级。城市道路作为城市公共空间信息采集、服务的基础设施，是当前城市新基建的排头兵。传统的城市道路建设设备布局不合理、路面重复开挖，建设与运维成本高，城市观感差；数据无法整合，存在信息孤岛，缺乏统一部署和有效融合，导致道路治理措施单一；道路智能化水平不足，难以应对智能驾驶场景下的车路协同交互，道路发展迟滞导致的问题日益突出，无法满足城市精细化治理的需求。因此，以数字赋能智能化道路建设成为重中之重。以提升城市治理效能和百姓出行体验为目标，围绕城市精细化治理需求和交通数字化场景应用需求，对现有城市道路基础设施进行智能化改造，统筹部署车联网基础类、通讯类、感知类、计算类、交互类等新基建设施，打造涵盖城市路口、路段、路网的全空间智慧道路基础环境，构建以数据驱动的城市治理新模式，实现城市治理从数字化到智能化升级，更好服务城市居民。

2. 数字经济和数字治理为车联网发展提供技术支撑

数字经济以数字技术为核心驱动力量，通过与实体经济深度融合，旨在提高经济社会的数字化、网络化、智能化水平，加速重构经济发展与治理模式的新型经济形态。半导体、信息技术、通信技术和智能硬件作为数据经济的底层技术基座，也是车联网不断创新发展的重要技术支撑。在数字经济驱动和技术引领的共同作用下，车联网将进入发展的黄金时期。随着国家"十四五"规划的出台，新型基建和数字经济转型成为重点，数字经济将进一步加快智能网联汽车、智能制造在内的高新产业高速发展。人工智能、大数据、云计算、物联网等数字技术将为车联网产业发展注入新动能。其中，人工智能及算法将推动汽车迈向更高的智能驾驶层级，云计算与大数据将进一步提升车联网数据价值，通过增强感知、深度融合、构建实时的动态车联网数据服务体系，深入挖掘交通相关数据应用，为智能驾驶和智慧交通应用赋能，如图 5-1 所示。

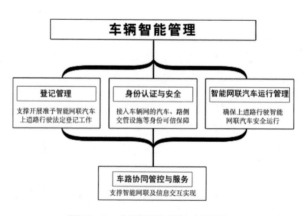

图 5-1　车联网治理的必要性

3. 车联网产业发展日趋成熟

目前车联网产业发展"万事俱备，只欠东风"。多年来通信技术的迭代升级、汽车电子的推陈出新以及基础设施的大力推进为车联网的落地奠定了良好的基础，各地的车联网产业陆续取得了阶段性成果，我国的车联网产业链已经逐步成熟。车联网产业有望快速增长，背后潜在的商业应用模式和巨大的市场空间逐渐浮现。

5.1.2 车联网的挑战

随着我国在车联网产业发展方面的支持政策不断出台，车联网的蛋糕越做越大，越来越多的汽车企业和互联网企业进入车联网产业，同时随着移动通信、互联网技术的快速发展，车联网产业进入了快速发展新阶段，越来越多的技术创新开始出现，新型应用越来越广泛。车联网本质上是物联网技术的一种应用形式，物联网的挑战同样也给车联网的实施带来挑战。同时由于车辆数量的急剧膨胀，也面临巨大的需求。因此，车联网面临的主要问题和挑战也不容忽视。

1. 海量交通数据无法处理

智能车联网发展中车路智能设备的大规模部署将促进设备间更深层次的协同化信息交互，依托摄像头、毫米波雷达、激光雷达等传感设备在车端和路侧的部署，人—车—路将形成更为立体的网联协同系统，极大地改善交通的安全性、提高交通效率。在这种环境下，每辆网联车或智能路侧单元每天将与周边的车联网设备产生 GB 甚至 TB 量级的通信数据量，形成海量的实时交通数据；而庞大的数据接入量不仅给存储空间带来挑战，数据的处理也将是一大难题。随着车联网业务应用功能的不断增加，例如视频通话、车载远程会议以及远程车辆控制等新应用，既对数据传输速率有很高的要求，同时也要求有很强的数据处理能力。此外，哪些应用优先运行，哪些数据优先处理，如何进行无线资源分配，如何优化系统性能等，这些都是需要解决的问题。

2. 信息安全难以保证

车联网的安全问题主要来源于 3 个方面：传统互联网的安全问题、物联网带来的安全问题以及车联网本身的安全问题。车联网中的数据传输和消息交换还未有特定的标准，因此缺乏统一的安全保护体系。车联网中节点数量庞大，且以集群方式存在，因此会导致在数据传播时，由于大量机器的数据发送使网络拥塞。车联网中的感知节点部署在行驶车辆等设施中，如果遭到攻击者破坏，很容易造成生命危险、道路设施破坏等。

车联网和物联网有相似的应用技术，在应用过程中，每个人的详细信息都将随时随地连接在这个网络上，随时随地被感知。这种暴露在公开场所之中的信号很容易被窃取，也更容易被干扰，这将直接影响到车联网体系的安全。车联网是将智能汽车联结起来，而每辆智能汽车上都有很多车载智能设备，这些设备存储着大量的车辆信息和车主个人信息，在汽车连入互联网时如何保证这些信息不丢失和不被黑客攻击是一个问题。而这些车辆一旦连入互联网之后，要使得数据共享，互联网原有的安全问题可以派生到这些车联网系统，而车联网的数据开放性更大，它的服务面上的用户也会更开放，因此它面临的安全风险比互联网更大，如何保证入网后的数据通讯安全和用户隐私安全是车联网在发展过程中需要突破的重大难题。因此，车联网中的信息安全是至关重要的，影响着车联网的未来发展和实施力度。

所以各大企业除了加大技术的研发投入和信息的安全保证外，在技术层面不断改进，另一方面，更需要相关立法部门的配合和援助，从法律上对信息犯罪进行打击，加快车联网相关法律法规体系的制定与完善，为车联网的推广和应用提供坚实的法律保障。

3. 标准和结构暂未统一

要促进车联网的健康发展，就必须充分利用现在互联网的标准和它的生态系统。互联网的巨大成功很大程度上得益于开放的标准和开放的体系结构，因此，未来的车联网应该和互联网一起打造一个共同的用户体验，将来的解决方案应该既可以利用在互联网上，也可以利用在车联网上，这样也有利于使车联网技术能够跟上手机以及计算机快速更新的发展速度。所以，通信行业和汽车行业需要加强交流与合作，两个行业之间应该有更多的交流和互动。汽车行业应当更主动地让电信行业了解汽车行业对通信网络的需求，而通信行业在制定网络技术标准和网络建设规划的时候，如果不了解汽车行业或者说车联网发展的需求，也就很难为其未来发展提供有力的支撑。

另外就是车联网信息的统一标识问题。为实现物体的互联互通，首先要解决的问题是统一编码问题。车联网的发展需要有一个统一的物品编码体系，尤其是国家物品编码标准体系。这个统一的物品编码体系是车联网系统实现信息互联互通的关键。但目前由于车联网概念刚刚兴起，相关的统一编码规范还未出台，各个示范原型系统根据各自需求，建立起独立的编码识别体系。这为后续行业内不同系统乃至不同行业之间的互联互通带来了障碍。

4. 技术标准有待规范

"欲知平直，则必准绳；欲知方圆，则必规矩。"标准的出台往往象征着一个产业的兴起，同时也是一个产业的可持续健康发展的重要保障。车联网作为如此庞大的一个互联网系统必然涉及诸多数据信息的交换，而不同的企业如果有不同的信息传输标准，可能会导致不同企业的汽车之间无法进行有效信息共享，因此建立一整套统一的、易用的车联网标准体系势在必行，只有这样才能将不同企业的汽车真正纳入车联网系统中实现相互的互联通信，进而实现整个车联网系统的真正融合，从而带动汽车产业的快速发展和智能交通系统的早日实现。

5. 核心技术有待进一步突破

从提出到今天，车联网技术发生了巨大的变化，不再是以前传统的通信服务，而是已经演变成车与车、车与路、车与人以及车与互联网之间的互联通信。车联网系统的发展和完善最终还是要依赖相关核心技术的突破。目前车联网提供的产品很多，但国内仍然以一键通、自动标签识别、自动导航等初级层面的产品居多，涉及高端层面如自动驾驶、O2O消费等产品较少。此外，对比国外的技术水平，我国在车联网的关键技术研发上仍处于劣势，例如用于信息采集的高端传感器、3G网络带宽、云计算和大数据处理等核心技术大部分仍掌握在外国企业的手中，很大程度上影响着我国车联网系统的发展。具体来说，在技术层面主要面临以下三种挑战：

1）处理网络增长

这个问题对商用公共车联网通信而言较为特殊，因为有大量的无线节点在有限的地理区域竞争共享的严格有限（授权）的射频（RF）频谱。由于节点的数量与占据的地理区域面积、无线电设备作用范围以及分配给每个节点的通信带宽有关，所以即便是节点数量不多，在给定的区域内也可能使所划分的频谱饱和。这个问题与资源的有效管理关系密切，可以应用于任何非托管的、分散化的或是移动自组网拓扑。资源管理可以解决频谱稀缺的问题但无法解决所有的相关问题。未来的车联网系统将面临大量通信节点的情况。

密集场景下所面临的挑战：①处理由附近车辆引起的射频视距（LoS）障碍；②为定位和时间同步提供更高的精度；③实现依赖于环境的往返时间（RTT）信息的优化。

2）自组织网络的资源管理

无线网络中，资源的有效管理问题基本上是在时间、空间及光谱维数中识别有效资源的问题，也是资源用户间协调协作的能力问题。此外，消息也需要与时俱进，以应对拥有极高动态性的自组网拓扑。一般来说，消息的时效性是集中拓扑和分散拓扑都必须面临的问题，但是在集中拓扑结构中问题的影响由于已知消息和不断增加的可预见性得到减轻。因此，只有在十分有限的地理区域内由所需知识的通信延迟确定，动态拓扑中有效的资源管理才是可以实现的，该时间帧内的拓扑和资源可用性我们认为是准稳态的。

综上，动态拓扑中针对分布式资源管理所面临的挑战如下：①获取并传播在时间、空间和光谱维数上的拓扑和资源有效性的认识；②无线节点的有效协作和资源利用的有效合作。

3）实现互通、集成和融合

车辆网络受益于可用的无线接入方法的多样性，为专用需求进行了优化。例如，给定坐落在附近的车辆一个足够高的密度，短距离通信允许低延迟的车辆之间在无线自组网多跳结构中通信。但是短程通信没有为低密度、大跳数、高速或大范围场景提供充分的可靠性。目前，互通是基于常用的IP协议实现的，通过利用多个无线接口或可重构射频接口，可在不同无线链路之间以透明的方式实现切换，这对资源受限且任务优先的车载通信来说是至关重要的。因此，如果想要满足信息的关联和限制、车辆及应用环境、通信链路的连接性及可靠性的需求，那么集成和融合便是高效管理多个并行接口方法的首要议题。在自组网多跳结构中，每个节点将基于本地策略和情境，自主决定下一条合适的通信路径。

综上，实现互通、集成及融合所面临的具体挑战有：①同时处理多频道和多接口接入技术；②实现基于情景的决策以优化多接口接入技术；③无论通信路径如何选择，都能提供应用的透明性。

"工欲善其事必先利其器"，只有政府和相关企业对车联网技术的研发足够重视，加大研发投入，早日掌握核心技术，才能有效地加快我国车联网系统的发展。

6.政策支持和品牌影响力不足

当前，我国车联网技术及应用日渐普及，同时在逐渐被利用的发展过程当中，也暴露出制约其进一步发展的相关问题。其中就包括国家政府对汽车行业及车联网这一应用发展环节的不够重视，虽然国家大力扶持汽车行业发展，但是在车联网技术开发与管理等方面并没有建立完善的政策体系，缺乏统一的管理，给予的政策引导也不够，不利于车联网技术的深度开发与应用，从而导致其未能起到积极的引导作用。

另外，我国汽车行业的品牌影响力与国外汽车相比，影响力较小。首先在价格方面，据调查，上海世博会上汽集团——通用汽车馆的 EN-V 车型，目前每辆造价 300 万美元左右，这对于普通的消费者而言过于昂贵。同样，与车联网相关的设施建设也是花费巨大，比如要建立一个巨大的无线网络，将需要耗费巨资，这无疑也是车联网发展过程中的一个瓶颈。车联网在应用过程中还会出现不少新的问题。例如，车联网在推广中还面临技术不完善、利用技术壁垒进行恶性竞争、知识产权保护、法律法规跟进等方面的问题，这对扩大我国汽车行业的品牌影响力造成了阻力。

其次，我国本土汽车品牌自身的车联网技术研发及应用能力不够，从而降低了我国汽车品牌技术支撑力及品牌影响力，无法面对外商汽车品牌的技术冲击。由于汽车行业、汽车生产企业之间没有形成数据共享机制，需要进一步加强技术攻关和合作，目前汽车行业主要是进行技术开发，汽车生产企业主要是进行汽车的生产以及销售等，两者之间没有建立有效的信息沟通机制和数据共享机制，这样将不利于数据资源共享和技术研发，从而影响了车联网技术的有效开发和资源的充分挖掘与应用。此外车联网技术依靠的信息通信技术以及物联网技术等很多都是从国外引进的，他们有比较成熟的经验，我国在车联网技术的应用开发等方面投入力度不够，相应的技术人才缺乏，没有形成自主品牌优势，难以应对外商汽车品牌的挑战。要想实现我国车联网的智能化不断发展，就要首先采取措施解决此类问题，从而为实现我国智能化道路交通提供更好的技术支持。

7. 其他相关问题

1）无人驾驶技术不少用户不能接受

交通运输研究所对无人驾驶自动汽车的公众态度进行了一些调查。普通消费者倾向于自己驾驶，无法把"生命安全"交付给一台四个轮子的"计算机"，大部分的人喜欢有人驾驶汽车，不太相信无人驾驶技术，对这些技术表示"有危险"（负面报道被放大）。也有 40.6% 左右的人表示信任，有 15% 的人接受无人驾驶。

对乘坐无人驾驶汽车的感受调查结果，有 35% 表示非常担心，53% 表示有些担心，有 10% 表示完全不担心，96% 的受访者希望自己掌控汽车的加速踏板、制动踏板及方向盘的关键操作。部分汽车爱好者处于完全抵触状态。

2）网络接入时的 IP 地址问题

车联网中的每个物品都需要在网络中被寻址，就需要一个地址。由于 IPv4 资源即将耗尽，而过渡到 IPv6 又是一个漫长的过程。包括设备、软件、网络、运营商等都存在兼容问题。

3）采集设备的信息化程度低

目前道路、桥梁等交通基础设施并没有实现电子化管理，其智能程度较低。传统的设备通过传感器、采集设备等信息化处理才能具备联网能力。这些交通基础设施的信息化改造覆盖面广，投资额大，建设周期长，都是目前车联网实现终端信息化改造所面临的问题。

4）车联网相关软件和服务产业链的成熟度

目前车联网概念刚刚兴起，还未出现较为成熟的软件平台和服务应用。而交通行业往往需要较高的安全要求，如保证行车安全等。如果相关软硬件平台未经过大规模应用测试，势必对车联网的应用前途造成影响。

5）相关技术兼容度

车联网是一个相关技术的集成体，包括传感器技术、识别技术、计算技术、软件技术、纳米技术、嵌入式智能技术等。任何一个技术的不兼容或者基础薄弱，都会造成整个车联网系统的推广难度。目前，车联网 C-V2X标准主要有基于 R14 的 LTE-V2X 版本以及增强型 R15 版本，基于 5G-V2X标准的 R16 版本也已于 2020 年 7 月完成，它支持 V2V 和 V2I 的直连通信，能实现基于 V2X 的车辆编队和半自动驾驶等应用。未来车联网将在很长一段时间内出现 LTE-V2X 和 5G-V2X 两个版本共存的情况。类似于 4G 与 5G将长期共存的状况，LTE-V2X 需要考虑后向兼容 5G 版本，5G 版本需要前向兼容 LTE-V2X。除了需要满足两种不同版本车辆之间无障碍通信条件外，还需要升级支持 LTE-V2X 车辆的硬件，使用户便利快捷地享受 5G 娱乐服务。

6）投资规模大

根据规划，中国将在 2035 年实现高度自动驾驶。为了实现我国车联网技术发展的这一总体目标，不仅需要在技术上有重大创新，还需要有巨大的资金投入。截至 2022 年 8 月，全国机动车保有量达 4.08 亿辆（《人民日报》2022 年 08 月 12 日第 01 版），其中汽车 3.12 亿辆，高速公路里程 14.26 万公里，无论是 DSRC 还是 C-V2X 作为我国车联网商用技术的标准，对于车载终端的安装和路侧单元的部署都是必不可少的，还有大量传感设备的安装，例如摄像头、定位雷达以及环境感知设备等，这些都需要成本和投入。

车联网作为智能交通的信息化基础，是我国实现智能交通系统进而实现智慧城市的关键所在。目前政府和很多企业都紧锣密鼓地投入车联网的建设中并取得了很多成果，但车联网的发展依然面临诸如技术、安全等方面的问题，因此车联网未来的发展仍然有很长的路要走。在世界信息产业第三次浪潮物联网蓬勃发展的大背景下，车联网的发展前景更加巨大，各国目前都把先行抢占车联网市场当作重要战略目标，各汽车制造商、IT企业都对这块蛋糕虎视眈眈，也直接促进目前技术初具雏形。车联网目前在解决交通拥堵问题、行车安全问题、驾驶者体验问题、环境保护问题也取得了一定的成绩，而车联网真正想深入人们的生活，其信息采集的安全度、公民的隐私问题也需要正确的制度去解决，随着目前国家经费的大力投入，相信在不久的将来，车联网一定会彻底地改变人们的出行体验。

5.2 政策引导

5.2.1 "十二五"期间（2011年至2015年）

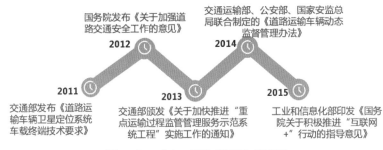

图 5-2 "十二五"期间政策引导

国家相关部门对物联网采取一系列鼓励措施。科技部"十二五"国家科技计划交通领域2012年预备项目征集指南中明确支持汽车共性技术中的车联网技术。工信部从产业规划、技术标准等多方面着手，加大对车载信息服务的支持力度，以推进车联网产业的全面铺开。工信部主导的《物联网产业"十二五"规划》草案中明确将智能交通、智能物流作为物联网产业优先发展方向。

2011年，在各地春运安全专项检查的基础上，交通运输部启用全国定点营运车辆GPS联网联控系统。通过加强对营运车辆的动态管理，有效提高对重点营运车辆，特别是高速公路车辆的动态监管力度和应急处置能力。

2011年2月28日，交通运输部发布了《道路运输车辆卫星定位系统车载终端技术要求》，并于2011年5月8日正式实施，要求"两客一危"车辆必须安装车载终端产品。同时，车载终端须满足相关法规JT/T794《道路运输车辆卫星定位系统车载终端技术要求》、GB/T 19056-2012《汽车行驶记录仪》、GB 7258-2012《机动车运行安全技术条件》等要求。

2012年7月22日，国务院《关于加强道路交通安全工作的意见》指出，重型载货汽车和半挂牵引车应在出厂前安装卫星定位装置，并接入道路货运车辆公共监管与服务平台。

2013 年 1 月 4 日，交通运输部颁发《关于加快推进"重点运输过程监控管理服务示范系统工程"实施工作的通知》，要求自 2013 年 6 月 1 日起，所有新进入示范省份（天津、河北、江苏、安徽、山东、湖南、贵州、宁夏、陕西）运输市场的"两客一危"车辆及重型载货汽车和半挂牵引车，在车辆出厂前应安装北斗兼容车载终端，重型载货汽车和半挂牵引车应接入全国道路货运车辆公共监管与服务平台。

2014 年 7 月 1 日，交通运输部、公安部、国家安监总局联合制定的《道路运输车辆动态监督管理办法》将施行。规定旅游客车、包车客车、三类以上班线客车、危险货物运输车辆、重型载货汽车和半挂牵引车在出厂前应当安装符合标准的卫星定位装置，道路旅客运输企业和道路危险货物运输企业监控平台应当接入全国重点营运车辆联网联控系统，重型载货汽车和半挂牵引车应接入全国道路货运车辆公共监管与服务平台。未按照要求安装卫星定位装置、已安装但未能有效接入监控平台及其他违反本办法的行为，道路运输管理机构将按照《办法》规定不予发放或审验《道路运输证》。

2015 年 11 月 25 日，工业和信息化部印发贯彻落实《国务院关于积极推进"互联网＋"行动的指导意见》行动计划（2015—2018 年），《意见》指出加快信息基础设施建设和应用，开展以 5G 为重点的国际移动通信（IMT）频率规划研究，以及智能交通频谱规划研究和技术试验。

国家层面高度重视数字经济相关产业发展，从"制造强国"、"网络强国"、"数字强国"、"交通强国"四大国家战略顶层上予以支持。从 2015 年开始，国务院、发改委、工信部、交通运输部、公安部等相关部门发布一系列的顶层设计文件来指导和规范车联网（智能网联汽车）产业发展，聚焦网联化和智能化，并规划由单车智能逐步转向多车协同，以及"聪明的车"与"智慧的路"协同发展，对车联网技术创新和产品研发提出创新发展需求。国家层面对行业规划发展高度重视，为车联网行业发展营造良好的政策环境。2015年，重型货车动态监管达到 95%，同时建立货运安全监管服务平台。之后，财政部、交通运输部、国家发改委印发《取消政府还贷二级公路收费中央补助资金管理办法》，要求贯彻落实国务院《关于加强道路交通安全工作的意见》，明确所有车辆必须装定位装置，接入道路货运安全监管服务平台。

5.2.2 "十三五"期间（2016年至2020年）

图5-3 "十三五"期间政策引导

2016年12月，交通运输部、财政部、国家铁路局、中国民用航空局、国家邮政局、中国铁路总公司六部门联合发布《关于鼓励支持运输企业创新发展的指导意见》，意见要求大力发展"互联网+"运输服务。大力发展"互联网+"便捷交通，鼓励运输企业依托或打造跨地域、跨方式的互联网综合出行平台，为公众出行提供交通导航、网上购票、网络约租、智能停车、电子支付等智慧出行服务；应用车联网、船联网等物联网技术，建设更加完善的交通运输感知体系，全面支撑便捷交互、故障预警、运行维护、动态监控和智能调度，提高公众出行智能化水平。

2017年2月，国务院印发《"十三五"现代综合交通运输体系发展规划》，明确了"十三五"时期现代综合交通运输体系发展的指导思想、发展目标和主要任务。规划提出到2020年，基本建成安全、便携、高效、绿色的现代综合交通运输体系，部分地区和领域率先基本实现交通运输现代化。网络覆盖加密拓展、综合衔接一体高效、运输服务提质升级，智能技术广泛应用，绿色安全水平提升。

2017年12月，工信部印发《促进新一代人工智能产业发展三年行动计划（2018-2020年）》，计划提出支持车辆智能计算平台体系架构、车载智能芯片、自动驾驶操作系统、车辆智能算法等关键技术、产品研发，构建软件、硬件、算法一体的车辆智能化平台。到2020年，建立可靠、安全、实时性强的智能网联汽车智能化平台，形成平台相关标准，支撑高度自动驾驶（HA级）。加快工业互联网、车联网建设，逐步形成智能化网络基础设施体系，提升支撑服务能力。到2020年，重点区域车联网网络设施初步建成。

2017年12月，工业和信息化部组织编制并联合国家标准化管理委员会印发了《国家车联网产业标准体系建设指南》，包含总体要求、智能网联汽车、信息通信、电子产品和服务等一系列文件。通过强化标准化工作推动车联网产业健康可持续发展，促进自动驾驶等新技术新业务加快发展。《指南》分为总体要求、智能网联汽车、信息通信、电子产品与服务等若干部分。智能网联汽车标准体系主要明确智能网联汽车标准体系中定义、分类等基础方向，人机界面、功能安全与评价等通用规范方向。信息通信标准体系主要面向车联网信息通信技术、网络和设备、应用服务进行标准体系设计。电子产品与服务标准体系主要针对支撑车联网产业链的汽车电子产品、车载信息系统、车载信息服务和平台相关的标准化工作。

2018年1月起，发改委发布《智能汽车创新发展战略（征求意见稿）》，订立我国车联网短、中、长期发展目标。其中，短期目标是至2020年，高速公路、大城市车用无线通讯网络（LTE-V2X）覆盖率达90%，北斗高精度服务实现全覆盖；中期目标是在2025年人、车、路、云之间实现高度协同，新一代车用无线通讯网络（5g-VX）可满足智慧汽车发展基本需要。

2018年3月，工信部提出《2018年智慧网联汽车标准化工作要点》，旨在促进智慧网联汽车产业供给侧结构性改革。

2018年4月，工业和信息化部、公安部、交通运输部联合发布《智能网联汽车道路测试管理规范（试行）》。我国智能网联汽车发展持续加速，汽车与电子、通信、互联网等跨界合作加强，在关键技术研发、产业链布局、测试示范等方面取得重大进展。目前我国所测试的大部分汽车属于有条件自动驾驶，但不能离开人，同时也要对测试驾驶人进行严格要求。实行的管理规范适用于在中国境内公共道路上进行的智能网联汽车自动驾驶测试，包括有条件自动驾驶、高度自动驾驶和完全自动驾驶，涵盖总则、测试主体、驾驶人及测试车辆、测试申请及审核、测试管理、交通违法和事故处理、附则等6个章节，共29项条款、2个附录。管理规范发布后，国内企业可以按照规范进行自动驾驶车辆测试，研发有望加速。

2018年6月，工信部、国家标准委员会联合制定了《国家车联网产业标准体系建设指南（总体要求）》、《国家车联网产业标准体系建设指南（信息通信）》、《国家车联网产业标准体系建设指南（电子产品和服务）》，在车联网产业生态环境构建中起到顶层设计和基础引领作用，打造具核心技术、开放协同之车联网产业基础，以促进自动驾驶的发展。

2018年11月，工信部发布了《车联网（智能刚联汽车）直连通信使用5905-5925MHz频段管理规定（暂行）》，规划5905-5925MHz频段共

20MHz 宽带的专用频率资源，用于基于 LTE 演进形成的 V2X 智能网联汽车的直连通信技术，同时对相关频率、台站、设备、干扰协调的管理做出规定。

2018 年 12 月，工信部发布了《车联网（智能网联汽车）产业发展行动计划》，明确至 2020 年实现车联网产业跨行业融合，具备高级别自动驾驶功能的智慧网联汽车实现特定场景规模应用，车联网用户渗透率达 30% 以上，联网车载信息服务终端新车装配率达到 60% 以上；2020 年后，高级别自动驾驶功能的智慧网联汽车和 5G-V2X 逐步实现规模商业化。

2019 年 7 月，交通运输部印发《数字交通发展规划纲要》，纲要明确到 2025 年，我国将基本形成数字化采集体系和网络化传输体系，实现出行信息服务全程覆盖、物流服务平台化和一体化进入新阶段，交通运输成为北斗导航的民用主行业，5G 等公网和新一代卫星通信系统初步实现行业应用；到 2035 年，我国将实现交通基础设施全要素、全周期数字化，天地一体的交通控制网基本形成，按需获取的即时出行服务广泛应用，成为数字交通领域国际标准的主要制订者或参与者，数字交通产业整体竞争力全球领先。

2019 年 12 月，中共中央、国务院印发了《长江三角洲区域一体化发展规划纲要》，纲要提出共同推动重点领域智慧应用，积极开展车联网和车路协同技术创新试点，筹划建设长三角智慧交通示范项目，率先推进杭绍甬智慧高速公路建设。

2020 年 2 月，国家发改委等 11 个部委联合发布的《智能汽车创新发展战略》从技术、产业、应用、竞争等层面详细阐述了发展智能汽车对我国具有重要的战略意义，对于整个产业的推动将起到引领的作用。改战略明确，到 2025 年中国标准智能汽车的技术创新、产业生态、基础设施、法规标准、产品监管和网络安全体系基本形成。实现有条件自动驾驶的智能汽车达到规模化生产，实现高度自动驾驶的智能车在特定环境下市场化应用。智能交通系统和智慧城市相关设施建设取得积极进展，车用无线通信网络（LTE-V2X 等）实现区域覆盖，新一代车用无线通信网络（5G-V2X）在部分城市、高速公路逐步开展应用，高精度时空基准服务网络实现全覆盖。

2020 年 4 月，工业和信息化部、公安部、国家标准化管理委员会发布《国家车联网产业标准体系建设指南（车辆智能管理）》，指南明确到 2022 年底，完成基础性技术研究，制修订智能网联汽车登记管理、身份认证与安全等领域重点标准 20 项以上，为开展车联网环境下的智能网联汽车道路测试、车联网城市级验证示范等工作提供支撑。到 2025 年，系统形成能够支撑车联网环境下车辆智能管理的标准体系，制修订道路交通运行管理、车路协同管控与服务等业务领域重点标准 60 项以上。

2020 年 5 月，工业和信息化部办公厅发布《关于深入推进移动物联网全面发展的通知》，《通知》提出充分发挥移动通信转售企业快速、灵活的响应机制和跨行业优势资源能力，在工业互联网、车联网等垂直行业应用领域开展移动物联网业务创新，促进与实体经济融合发展。

2020 年 8 月，交通运输部印发《关于推动交通运输领域新型基础设施建设的指导意见》，意见提出结合 5G 商用部署，统筹利用物联网、车联网、光纤网等，推动交通基础设施与公共信息基础设施协调建设。逐步在高速公路和铁路重点路段、重要综合客运枢纽、港口和物流园区等实现固移结合、宽窄结合、公专结合的网络覆盖。协同建设车联网，推动重点地区、重点路段应用车用无线通信技术，支持车路协同、自动驾驶等。

2020 年 9 月，国务院、国家发展改革委、科技部、工业和信息化部联合发布《关于扩大战略性新兴产业投资培育壮大新增长点增长极的指导意见》，意见提出推进工业互联网、人工智能、物联网、车联网、大数据、云计算、区块链等技术集成创新和融合应用。实施智能网联汽车道路测试和示范应用，加大车联网车路协同基础设施建设力度，加快智能汽车特定场景应用和产业化发展。围绕 5G、人工智能、车联网、大数据、区块链、工业互联网等领域，率先在具备条件的集群内试点建设一批应用场景示范工程。支持有条件的集群聚焦新兴应用开展 5G、数据中心、人工智能、工业互联网、车联网、物联网等新型基础设施建设。

2020 年 11 月，文化和旅游部发布《关于推动数字文化产业高质量发展的意见》，意见明确加强工业互联网、物联网、车联网在智能文化装备生产各环节的应用，提升沉浸式设施、无人智能游览、可穿戴设备、智能终端、无人机等智能装备技术水平。

5.2.3 "十四五期间"（2021 年至今）

2021 年 1 月，工业和信息化部发布《工业互联网创新发展行动计划（2021-2023 年）》，计划提出促进网络安全产业发展壮大，在车联网等细分赛道孵化一批"高精尖"特色安全企业，带动安全产业链供应链提升。

2021 年 2 月，中共中央、国务院印发《国家综合立体交通网规划纲要》，纲要提出加强交通基础设施与信息基础设施统筹布局、协同建设，推动车联网部署和应用，强化与新型基础设施建设统筹，加强载运工具、通信、智能交通、交通管理相关标准跨行业协同。

2021 年 7 月，工业和信息化部、中央网信办、国家发展改革委等十部

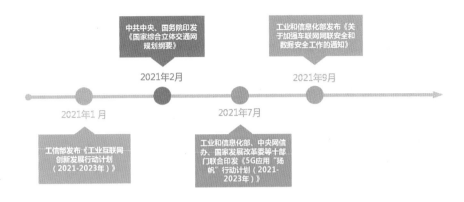

图 5-4　最新政策引导

门联合印发《5G 应用"扬帆"行动计划（2021–2023 年）》，计划指出强化汽车、通信、交通等行业的协同，共同建立完备的 5G 与车联网测试评估体系；加快提升 C–V2X 通信模块的车载渗透率和路侧部署；加快探索商业模式和应用场景，支持创建国家级车联网先导区，推动车联网基础设施与 5G 网络协同规划建设，选择重点城市典型区域、合适路段以及高速公路重点路段等，加快 5G+ 车联网部署，推广 C–V2X 技术在园区、机场、港区、矿山等区域的创新应用；建立跨行业、跨区域互信互认的车联网安全通信体系。

为发挥标准在车联网产业生态环境构建中的引领和规范作用，加快制造强国、网络强国和交通强国建设步伐，工业和信息化部、交通运输部、国家标准化管理委员会联合发布了《国家车联网产业标准体系建设指南（智能交通相关）》，该指南与《国家车联网产业标准体系建设指南（智能网联汽车）》（工信部联科〔2017〕332 号）、《〈国家车联网产业标准体系建设指南〉系列文件》（工信部联科〔2018〕109 号）、《国家车联网产业标准体系建设指南（车辆智能管理）》（工信部联科〔2020〕61 号）配套使用。

该指南提出将针对车联网技术和产业发展现状、未来发展趋势及智能交通行业发展实际，聚焦营运车辆和基础设施领域，建立支撑车联网应用和产业发展的智能交通相关标准体系，分阶段出台一批关键性、基础性智能交通标准。到 2022 年底，制修订智能交通基础设施、交通信息辅助等领域智能交通急需标准 20 项以上，初步构建起支撑车联网应用和产业发展的标准体系；到 2025 年，制修订智能管理和服务、车路协同等领域智能交通关键标准 20 项以上，系统形成能够支撑车联网应用、满足交通运输管理和服务需求的标准体系。

2021 年 9 月，工业和信息化部发布《关于加强车联网网络安全和数据安全工作的通知》（工信部网安〔2021〕134 号），文件中从加强智能网联汽车安全防护、加强车联网网络安全防护、加强车联网服务平台安全防护、加强车联网数据安全保护、健全安全标准体系等 5 个方面提出要求，健全完善车联网安全保障体系，加强车联网网络安全和数据安全管理工作。包括：

① 保障车辆网络安全。智能网联汽车生产企业要加强整车网络安全架构设计。加强车内系统通信安全保障，强化安全认证、分域隔离、访问控制等措施，防范伪装、重放、注入、拒绝服务等攻击。加强车载信息交互系统、汽车网关、电子控制单元等关键设备和部件的安全防护和安全检测。加强诊断接口（OBD）、通用串行总线（USB）端口、充电端口等的访问和权限管理。

② 落实安全漏洞管理责任。智能网联汽车生产企业要落实《网络产品安全漏洞管理规定》有关要求，明确本企业漏洞发现、验证、分析、修补、报告等工作程序。发现或获知汽车产品存在漏洞后，应立即采取补救措施，并向政府部门报送漏洞信息。对需要用户采取软件、固件升级等措施修补漏洞的，应当及时将漏洞风险及修补方式告知可能受影响的用户，并提供必要技术支持。

③ 加强车联网网络设施和网络系统安全防护能力。车联网相关企业严格落实网络安全分级防护要求，加强网络设施和网络系统资产管理，合理划分网络安全域，加强访问控制管理，做好网络边界安全防护，采取防范木马病毒和网络攻击、网络侵入等危害车联网安全行为的技术措施。自行或者委托检测机构定期开展网络安全符合性评测和风险评估，及时消除风险隐患。

④ 保障车联网通信安全。建立车联网身份认证和安全信任机制，强化车载通信设备、路侧通信设备、服务平台等安全通信能力，采取身份认证、加密传输等必要的技术措施，防范通信信息伪造、数据篡改、重放攻击等安全风险，保障车与车、车与路、车与云、车与设备等场景通信安全。

⑤ 开展车联网安全监测预警。加强车联网网络安全监测平台建设，开展网络安全威胁、事件的监测预警通报和安全保障服务。建立网络安全监测预警机制和技术手段，对智能网联汽车、车联网服务平台及联网系统开展网络安全相关监测，及时发现网络安全事件或异常行为，并按照规定留存相关的网络日志不少于 6 个月。

⑥ 做好车联网安全应急处置。智能网联汽车生产企业、车联网服务平台运营企业要建立网络安全应急响应机制，制定网络安全事件应急预案，

定期开展应急演练，及时处置安全威胁、网络攻击、网络侵入等网络安全风险。在发生危害网络安全的事件时，立即启动应急预案，采取相应的补救措施，并按照《公共互联网网络安全突发事件应急预案》等规定向有关主管部门报告。

⑦ 做好车联网网络安全防护定级备案。智能网联汽车生产企业、车联网服务平台运营企业要按照车联网网络安全防护相关标准，对所属网络设施和系统开展网络安全防护定级工作，并向所在省（区、市）通信管理局备案。对新建网络设施和系统，应当在规划设计阶段确定网络安全防护等级。各省（区、市）通信管理局会同工业和信息化主管部门做好定级备案审核工作。

⑧ 加强平台网络安全管理。车联网服务平台运营企业要采取必要的安全技术措施，加强智能网联汽车、路侧设备等平台接入安全，主机、数据存储系统等平台设施安全，以及资源管理、服务访问接口等平台应用安全防护能力，防范网络侵入、数据窃取、远程控制等安全风险。涉及在线数据处理与交易处理、信息服务业务等电信业务的，应依法取得电信业务经营许可。认定为关键信息基础设施的，要落实《关键信息基础设施安全保护条例》有关规定，并按照国家有关标准使用商用密码进行保护，自行或者委托商用密码检测机构开展商用密码应用安全性评估。

⑨ 加强在线升级服务（OTA）安全和漏洞检测评估。智能网联汽车生产企业要建立在线升级服务软件包安全验证机制，采用安全可信的软件。开展在线升级软件包网络安全检测，及时发现产品安全漏洞。加强在线升级服务安全校验能力，采取身份认证、加密传输等技术措施，保障传输环境和执行环境的网络安全。加强在线升级服务全过程的网络安全监测和应急响应，定期评估网络安全状况，防范软件被伪造、篡改、损毁、泄露和病毒感染等网络安全风险。

⑩ 强化应用程序安全管理。智能网联汽车生产企业、车联网服务平台运营企业要建立车联网应用程序开发、上线、使用、升级等安全管理制度，提升应用程序身份鉴别、通信安全、数据保护等安全能力。加强车联网应用程序安全检测，及时处置安全风险，防范恶意应用程序攻击和传播。

⑪ 加强数据分类分级管理。按照"谁主管、谁负责，谁运营、谁负责"的原则，智能网联汽车生产企业、车联网服务平台运营企业要建立数据管理台账，实施数据分类分级管理，加强个人信息与重要数据保护。定期开展数据安全风险评估，强化隐患排查整改，并向所在省（区、市）通信管理局、工业和信息化主管部门报备。所在省（区、市）通信管理局、工业和信息化

主管部门要对企业履行数据安全保护义务进行监督检查。

⑫ 提升数据安全技术保障能力。智能网联汽车生产企业、车联网服务平台运营企业要采取合法、正当方式收集数据，针对数据全生命周期采取有效技术保护措施，防范数据泄露、毁损、丢失、篡改、误用、滥用等风险。各相关企业要强化数据安全监测预警和应急处置能力建设，提升异常流动分析、违规跨境传输监测、安全事件追踪溯源等水平；及时处置数据安全事件，向所在省（区、市）通信管理局、工业和信息化主管部门报告较大及以上数据安全事件，并配合开展相关监督检查，提供必要技术支持。

⑬ 规范数据开发利用和共享使用。智能网联汽车生产企业、车联网服务平台运营企业要合理开发利用数据资源，防范在使用自动化决策技术处理数据时，侵犯用户隐私权和知情权。明确数据共享和开发利用的安全管理和责任要求，对数据合作方数据安全保护能力进行审核评估，对数据共享使用情况进行监督管理。

⑭ 加快车联网安全标准建设。加快编制车联网网络安全和数据安全标准体系建设指南。全国通信标准化技术委员会、全国汽车标准化技术委员会等要加快组织制定车联网防护定级、服务平台防护、汽车漏洞分类分级、通信交互认证、数据分类分级、事件应急响应等标准规范及相关检测评估、认证标准。鼓励各相关企业、社会团体制定高于国家标准或行业标准相关技术要求的企业标准、团体标准。

在国家车联网相关指导文件以及顶层设计的带动下，各省市地区也不断出台符合本省实际情况的车联网发展相关指导文件，现有或规划进行车联网先导区建设的省市包括：江苏、湖南、天津、浙江、湖北、广东和北京，各省市均在"十四五"时期发布了推动车联网建设的支持性政策，政策内容均落实了"支持重点城市率先进行车联网先导区建设"；此外，湖南、北京和天津等省市均就车联网与其他领域如工业互联网、5G和大数据进行融合协同发展的部署进行说明，积极推动车联网应用。北京、上海、重庆等城市陆续出台了地区智能网联汽车/自动驾驶车辆道路测试管理细则，明确了测试车辆、测试主体、测试驾驶人、测试管理、测试路线等基本要求。

综合来看，车联网行业政策的阶段性政策支持力度较大，结合"十四五"规划对于智慧交通和智慧城市的要求，在车联网行业仍是成长初期的大背景下，车联网发展仍需政策和标准进行规范和指导。

5.3 知识产权护航

5.3.1 车联网产业专利总体分析

1. 车联网产业专利申请趋势

全球车联网产业专利申请趋势如图5-5所示。近年来，全球车联网产业专利申请量呈上升趋势，于2018年达到最高峰，从顶点的斜率来看，专利申请量将持续飞速增长。由于2019-2020年的部分专利还未公开，这两年的数据量偏低。从曲线上看，2000-2009年，专利量增长幅度偏小，每年申请量比较稳定，处于车联网技术萌芽阶段；2010-2014年，专利增长幅度明显提升，进入车联网技术发展成长期；2015-2019年，专利申请呈迅猛增长形势，到目前，车联网专利技术发展仍处于繁荣期。

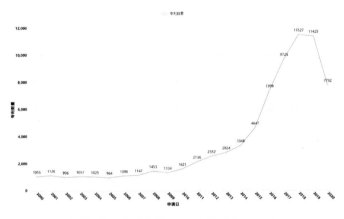

图5-5 全球车联网产业专利申请趋势

中国车联网产业专利申请趋势如图5-6所示。近年来，中国车联网产业专利申请量呈上升趋势，于2018年达到最高峰，从顶点的斜率来看，专利申请量将持续飞速增长。由于本书集稿时2019—2020年间的部分专利还未公开（通常专利不要求提前公开的话，则自专利申请之日起18个月后才会公开），因而这两年的数据量偏低。从曲线上看，2000-2005年，专利量增长幅度偏小，每年申请量比较稳定，处于车联网技术萌芽阶段；2006-2014年，专利增长幅度明显提升，进入车联网技术发展成长期，和全球车联网产业专利申请趋势相比较，中国提前5年进入车联网技术发展萌芽期，在技术发展的起跑线上抢先迈出了一步；2015-2019年，专利申请呈迅猛增长形势，到目前而言，中国车联网专利技术发展和全球车联网专利技术发展所属相同的生命阶段，仍处于繁荣期。

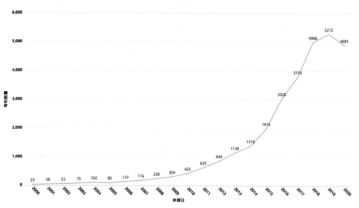

图 5-6　中国车联网产业专利申请趋势

江苏车联网产业专利申请趋势如图 5-7 所示。近年来，江苏车联网产业专利申请量呈上升趋势，于 2019 年达到最高峰，从顶点的斜率来看，专利申请量将持续飞速增长。从曲线上看，2000-2008 年，专利量增长幅度偏小，每年申请量比较稳定，处于车联网技术萌芽阶段；2009-2013 年，专利增长幅度明显提升，进入车联网技术发展成长期，在 2013 年达到申请数量的顶峰，和中国车联网产业专利申请趋势相比较，在技术发展的萌芽阶段多持续了 3 年，但是在成长期阶段追赶上；2014 年出现断层，专利申请量下降，2014-2019 年，专利申请呈迅猛增长趋势，处于繁荣期。

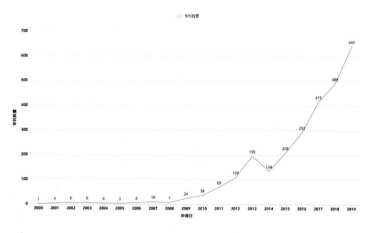

图 5-7　江苏车联网产业专利申请趋势

2.车联网产业专利申请布局

如图 5-8 所示，由于车联网涉及的技术分支比较集中，全球车联网技术专利都大量掌握在中、美、日、韩和德五个国家手中，仍然属于几个大国之间重点竞争和着力发展的战略性新兴技术。

随着万物互联时代的到来，法国、印度和加拿大于 2015 年起也开始申请车联网专利，有了明显增长的幅度，全球车联网产业专利申请国别趋势如图 5-8 所示。专利布局地域比较集中在前五个国家，尚未出现专利布局地域扩张的趋势，企业市场拓展的空间还很大。就全球的申请人范围来看，该领域产业垄断程度相对较低，但是企业间的竞争会更加激烈。

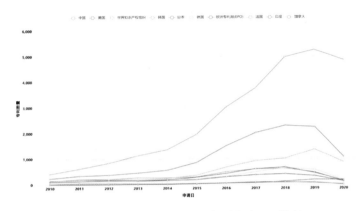

图 5-8　全球车联网产业专利申请国别趋势

根据中国申请地域的申请数量构建中国专利地图，中国省市车联网产业专利分布北京、广东和江苏申请的专利数量最多。其次是上海、浙江、安徽和四川，地理位置位于中国的中部和东南部。此外，山东、陕西和湖北也有不少专利申请。整体而言，专利申请地域多集中在中国的中部、东部和南部，多为经济发达和科技发达的区域。

3. 车联网产业专利技术构成

根据各技术分支 IPC 分类号的专利申请数量制作饼图，半径越大的分支申请量越多。如图 5-9 所示，全球车联网技术的 IPC 技术分支排名前十依次为：H04W（无线通信网络）、G08G（交通控制系统）、H04L（数字信息传输）、G06Q（专门适用于行政、商业、金融、管理、监督或预测目的的数据处理系统或方法）、G05D（非电变量的控制或调节系统）、B60R（车辆、车辆配件或车辆部件）、B60W（不同类型或不同功能的车辆子系统的联合控制）、G06F（电数字数据处理）、G01C（测量距离、水准或者方位）、G06K（数据识别）。其中，无线通信网络、交通控制系统和数字信息传输技术是全球车联网产业的主要技术，发展最为成熟。

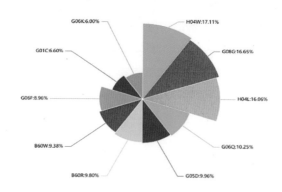

图 5-9　全球车联网产业专利技术构成

如图 5-10 所示，中国车联网技术的 IPC 技术分支排名前十依次为：H04L（数字信息传输）、G08G（交通控制系统）、H04W（无线通信网络）、G06Q（专门适用于行政、商业、金融、管理、监督或预测目的的数据处理系统或方法）、G06K（数据识别）、B60R（车辆、车辆配件或车辆部件）、G06F（电数字数据处理）、B60W（不同类型或不同功能的车辆子系统的联合控制）、G06N（基于特定计算模型的计算机系统）、G05D（非电变量的控制或调节系统）。中国与全球专利重点申请的技术分支大致相同，相比于测量距离、水准或者方位技术，更侧重于基于特定计算模型的计算机系统技术的专利申请。

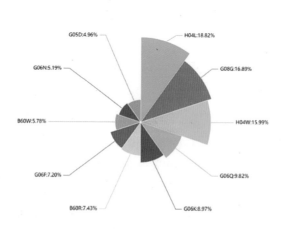

图 5-10　中国车联网产业专利技术构成

如图 5-11 所示，江苏车联网技术的 IPC 技术分支排名前十依次为：G08G（交通控制系统）、H04L（数字信息传输）、H04W（无线通信网络）、G06Q（专门适用于行政、商业、金融、管理、监督或预测目的的数据处理系统或方法）、G06K（数据识别）、B60R（车辆、车辆配件或车辆部件）、G06F（电数字数据处理）、G06N（基于特定计算模型的计算机系统）、G05B（一般的控制或调节系统）、B60W（不同类型或不同功能的车辆子系统的联合控制）。江苏与全球和中国专利重点申请的技术分支大致相同，相比于非变量的控制或调节系统技术，更侧重于一般的控制或调节系统技术的专利申请，在不同类型或不同功能的车辆子系统的联合控制技术低于平均水平，还有很大提升的空间。

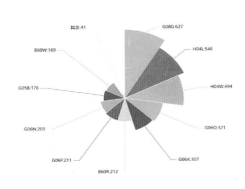

图 5-11　江苏车联网产业专利技术构成

4. 车联网产业专利技术功效

全球车联网产业技术功效发展趋势如图 5-12 所示。从整体功效来看，车联网产业专利技术主要实现的技术功效为安全性提高、出行效率提高、便利性提高、制作成本降低、复杂性降低、自动化提高、行驶速度提高、智能化提高、可靠性提高和准确性提高。其技术功效与车联网的概念相符，车联网的实现对以上功能功效都有着极高的要求，公众也对安全、准确和可靠的性能有着积极的期待。近年来，为满足公众对出行安全和效率提升的需求，安全提高和效率提高的专利数量比例远远大于其他技术功效。便利性和复杂性降低的专利数量下降，该两种技术功效可能已经能够满足市场要求，或者技术发展已达到成熟阶段。智能化和可靠性的专利数量较少，上涨趋势不够稳定，说明这两种功效的技术攻关尚有难度，全球在这两种功效上的技术仍存在较大的竞争空间。

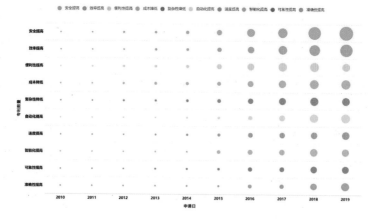

图 5-12　全球车联网产业技术功效发展趋势

中国车联网产业技术功效发展趋势如图 5-13 所示。从整体功效种类和单个功效专利申请上升或下降趋势来看，中国车联网产业专利技术主要实现的技术功效与全球技术功效种类相同，在智能化和可靠性提高的技术专利布局上存在不足。

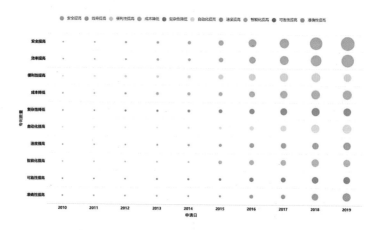

图 5-13　中国车联网产业技术功效发展趋势

江苏车联网产业技术功效发展趋势如图 5-14 所示。从整体功效来看，江苏车联网产业专利技术主要实现的技术功效为安全性提高、出行效率提高、便利性提高、复杂性降低、制作成本降低、智能化提高、行驶速度提高、可靠性提高、实时性提高和准确性提高。与中国整体的技术功效趋势相比较，侧重于智能化提高和实时性提高的专利申请。速度提高的专利申请在 2017 年起就出现数量下降的趋势，说明江苏省对速度提高的专利技术发展处于比较稳定和成熟的阶段。

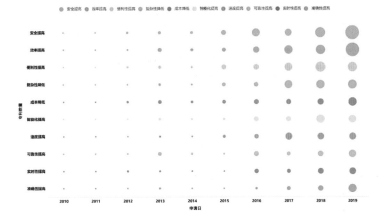

图 5-14　江苏车联网产业技术功效发展趋势

5.3.2 车联网产业技术融合分析

1. 专利技术融合现状

根据我国专利申请趋势，通过多重分类号的共现网络分析，可以反映发明专利涉及的技术主题的融合情况。如图 5-15 所示，现阶段中国车联网产业专利形成以 H04L（数字信息的传输）为重心，H04W（无线通信网络）、H04M（电话通信）、G08B（信号装置或呼叫装置）、G06Q（专门适用于行政、

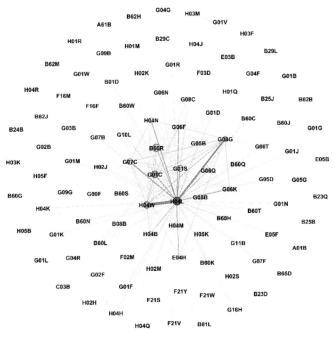

图 5-15　我国车联网产业专利技术融合现状

商业、金融、管理、监督或预测目的的数据处理系统或方法）、G08G（交通控制系统）、B60R（不包含在其他类目中的车辆、车辆配件或车辆部件）、G07C（时间登记器或出勤登记器）、H04N（图像通信，如电视）、G05B（一般的控制或调节系统）和G06F（电数字数据处理）为主要网络密度集中区域的技术融合网络。其中，H04L（数字信息的传输）出现的频次最高，与其他技术主题结合最为紧密，几乎是车联网产业技术专利中必要触及的技术分支。从两两技术主题融合的角度上看，H04W（无线通信网络）和H04L（数字信息的传输）结合的最为紧密，其次是H04L（数字信息的传输）和G08G（交通控制系统），主要区域里的节点之间都有连接，IPC技术主题都有交叉。球体网络越往外围的节点越稀疏，相互连接关系减弱。

2. 专利技术融合阶段

根据中国车联网产业专利申请趋势，中国在2010年之前专利申请总量非常少，每年增量幅度很小，处在技术发展的萌芽期。因此，2000-2009年作为演化分析的第一阶段。如图5-16所示，该阶段车联网产业专利形成以G01C（测量距离、水准或者方位）为重心，G01S（无线电定向；无线电导航）和G08G（交通控制系统）连接为主，周边G07B（车费计）、G10L（语音分析或合成）、G09B（地图；图表；模型）、H04B（电通信技术／传输）、

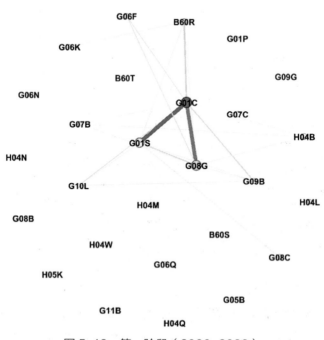

图 5-16　第一阶段（2000-2009）

G06F（电数字数据处理）和 B60R（不包含在其他类目中的车辆、车辆配件或车辆部件）为主要网络密度集中区域的技术融合网络。整体来看，这一阶段的网络共有 27 个节点，结构比较稀疏。此阶段的技术系统复杂度不高。以 G（物理）大部为主，专利技术类别或功效集中于交通系统的测距、定向，并实现语言分析或合成。

根据中国车联网产业专利申请趋势，中国在 2010–2014 年处于技术成长期（缓慢增长期）。因此，2010–2014 年作为演化分析的第二阶段。如图 5-17 所示，该阶段车联网产业专利技术融合网络重心比较分散，G01C（测量距离、水准或方位）、H04L（数字信息的传输）、H04W（无线通信网络）和 G08G（交通控制系统）都分别为四个小中心点与周围节点形成连接网络，且彼此也存在共线关系。整体来看，这一阶段的网络共有 41 个节点，结构较第一阶段要密集些。专利技术的内容从第一阶段的交通系统或车辆零部件的测距进入到第二阶段，此阶段以 G（物理）和 H（电学）两个大部主题为主，专利技术类别或功效集中于交通控制系统的测距、信息传输和无线通信。

根据中国车联网产业专利申请趋势，中国在 2015–2019 年处于技术快速发展期。因此，2015–2019 年作为演化分析的第三阶段。如图 5-18 所示，该阶段车联网产业专利技术融合网络结构更加复杂，技术主题之间的连接更为紧密。H04L（数字信息的传输）、H04W（无线通信网络）和 G08G（交通控制系统）都分别为三个小中心点与周围节点形成连接网络，且彼此存在共线关系。与前两个阶段相比，网络中心出现的节点还包括 E04H（停放汽车的建筑物；汽车库），同时，网络外缘节点出现新的大部技术主题，例如 F 部（机械工程）——F21V（照明）、F21W（车外或车内的照明装置）、

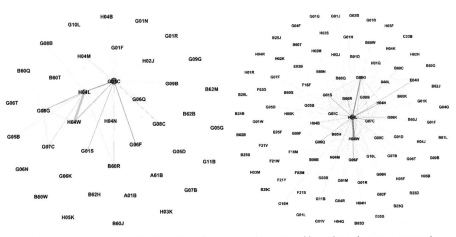

图 5-17　第二阶段（2010-2014）　　图 5-18　第三阶段（2015-2019）

F21Y（光源组合）、F02M（燃料喷射装置）、F16M（发动机、机器或设备的框架、外壳或底座）。整体来看，这一阶段的网络共有个101节点，结构较前两个阶段要更密集。此阶段在交通控制系统的测距、信息传输和无线通信的基础上，研究智能汽车技术系统中更具体的产品和辅助系统功能的实现。特别的，这一阶段出现对于车联网的智能车库和智能平台的技术研究，是车联网产业发展的一个突破。

5.3.3 车联网产业创新主体分析

1. 全球专利创新主体分析

根据专利申请公开数量的大小排序，全球前十的专利申请人如图5-19所示。依次为：LG电子（韩国）、现代摩托（韩国）、罗伯特·博世（德国）、福特（美国）、华为（中国）、通用汽车（美国）、高通（美国）、优步（美国）、起亚汽车（韩国）、慧摩（美国）。以上专利申请人类别都为企业，其中韩国有3家，美国有5家，德国有1家，中国有1家，华为申请的专利数量排第六。榜单中没有日本的专利申请人。

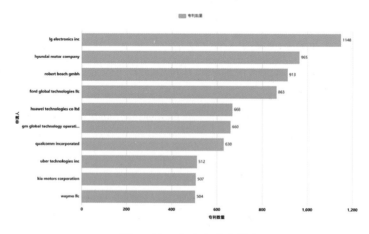

图5-19 全球申请人排名

2010-2019年，全球专利申请排名前十的专利权人的专利申请趋势，如图5-20所示。方格颜色越深，说明对应年份的专利申请数量越多。从横向时间的视角分析，LG、现代、博世、福特和起亚汽车是较早进入车联网技术研发的企业。华为于2014年起开始专利布局，五年之内的技术发展使华为成为车联网技术研发领域的排头兵。从纵向企业对比的视角分析，较早进入研发领域的企业具备明显的技术优势，与其他企业拉开差距，近年来，企业之间专利数量差异拉近，竞争更加激烈。

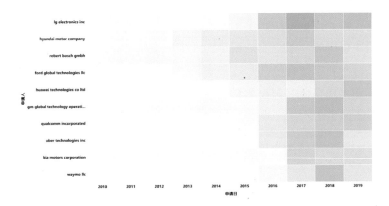

图 5-20　全球申请人申请趋势

2. 中国专利创新主体分析

中国前十的专利申请人如图 5-21 所示。依次为：华为技术有限公司（中国）、北京百度网讯科技有限公司（中国）、福特全球技术公司（美国）、通用汽车（美国）、百度（中国）、奇瑞汽车（中国）、同济大学（中国）、东南大学（中国）、吉林大学（中国）、罗伯特·博世有限公司（德国）。其中，以上专利申请人类别 7 家为企业，3 家为高等院校，其中企业中国有 4 家，美国 2 家，德国 1 家。美国和德国企业在中国布局了大量专利，在未来很有可能给中国"卡脖子"，需要重点关注福特和通用汽车的专利布局战略，提前做好专利预警工作。

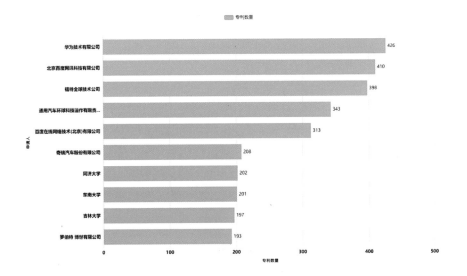

图 5-21　中国申请人排名

2010-2019 年，中国专利申请排名前十的专利权人的专利申请趋势，如图 5-22 所示。中国本土的高校同济大学、吉林大学和东南大学，奇瑞汽车以及美国和德国的 3 家企业是较早进入中国车联网技术研发的单位。每个专利申请人的专利申请数量都是逐年增长，华为和百度汽车两家企业的增长速率在近年来尤其突显。企业从专利增长势头上看明显比高校更有后劲，是未来技术创新的主力军。

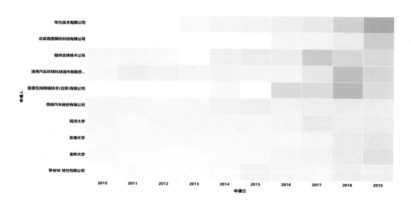

图 5-22　中国申请人申请趋势

根据中国前十的专利申请人，并对其申请专利的技术分支的专利数量进行分析，中国申请人技术构成如图 5-23 所示。从纵向视角看，华为在 H04W（无线电通信）和 H04L（数字信息的传输）领域申请的专利数量最多；北京百度网讯科技有限公司在 G06K（数据识别）和 G06F（电数字数据处

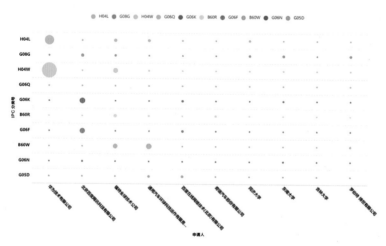

图 5-23　中国申请人技术构成

理）。从横向视角看，我国本土的专利申请人在 B60W（不同类型或不同功能的车辆子系统的联合控制）技术分支上处于弱势，这个领域的专利技术从图中看，都由美国两家公司福特和通用所垄断。国内江苏大学在这个技术领域的研发较早，在国内具备先占优势。

根据中国的专利申请人数据进行共现网络分析，对网络中心度和节点频率参数进行调整和筛选，可以得到中国车联网领域的专利合作网络，如图5-24 所示。图中节点颜色越深，说明专利数量越多，连接线越粗，说明两专利权人合作的次数越多。其中，中国车联网领域主要有国家电网公司、浙江吉利控股集团有限公司、上海长江计算机有限公司、中国广核集团、上海鹏悦惊鸿信息技术发展有限公司、中山大学、上海慧乔电气自动化有限公司、安徽海螺集团有限公司、北京天融集团和清华大学带领的研发团队。

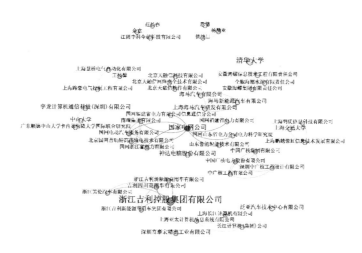

图 5-24　中国车联网技术创新合作网络

3. 江苏专利创新主体分析

江苏前十的专利申请人如图5-25。依次为：东南大学、江苏大学、南京邮电大学、南京航空航天大学、常熟理工学院、南京理工大学、南通大学、江苏理工学院、公安部交通管理科学研究所、河海大学。以上专利申请人类别均为高校。

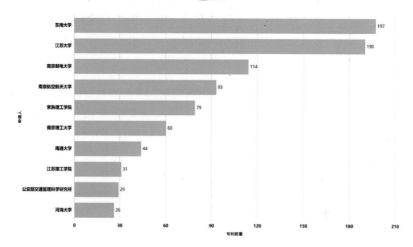

图 5-25　江苏申请人排名

　　2010-2019 年，江苏专利申请排名前十的专利权人的专利申请趋势，如图 5-26 所示。其中，东南大学、南京航空航天大学、南京理工大学和河海大学是较早进入车联网技术研发的单位。除河海大学申请涨势不明显，每个专利申请人的专利申请数量都是逐年增长，东南大学和江苏大学两家高校的增长速率近年来尤其突显；2015 年之前，南通大学、江苏理工学院、公安部交通管理科学研究所几乎没有任何专利申请，2015 年之后专利数量激增，近 3 年内的发展迅速，发展潜力巨大；东南大学和江苏大学近年来处于明显领先地位。

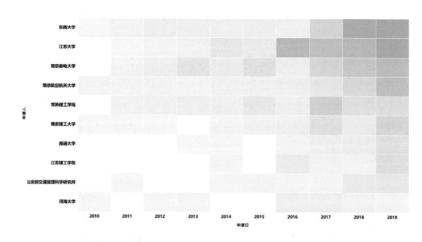

图 5-26　江苏申请人申请趋势

根据江苏的专利申请人数据进行共现网络分析，对网络中心度和节点频率参数进行调整和筛选，可以得到江苏车联网领域的专利合作网络，如图5-27所示。江苏车联网领域主要有东南大学、江苏大学、南京邮电大学、南京航空航天大学、清华大学苏州汽车研究院带领的研发团队。和中国整体的技术创新合作网络相比，江苏的高校开展校企合作的数量较多，展开范围较大，协同创新网络特征明显。

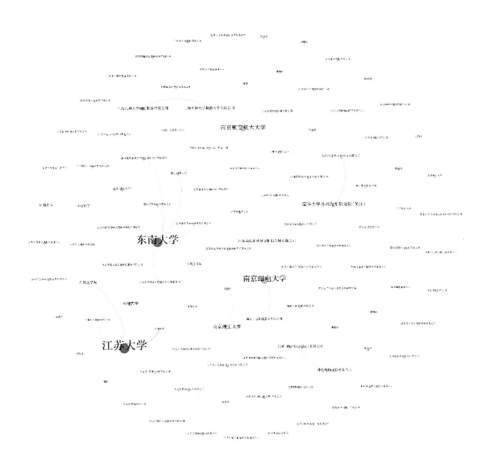

图 5-27　江苏车联网产业技术创新合作网络

5.3.4 车联网产业专利布局分析

根据专利的申请人 / 专利权人国别按照专利申请的数量大小进行排序，可以得到全球车联网产业专利的来源国排名，如图5-28所示。专利申请的来源国可以代表专利权归属的所在地，专利申请的数量越多，说明该来源国在车联网技术领域具备越大的研发实力和技术垄断优势。其中，全球车联网产业专利的来源中中国的专利申请最多，美国其次，中国和美国的专利数量相比较于其他国家具备绝对优势。韩国、德国和日本紧跟其后。

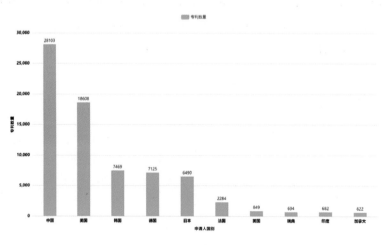

图 5-28 专利来源国排名

根据专利的申请人 / 专利权人国别按照专利申请的数量大小进行排序，可以得到全球车联网产业专利的目标国排名，如图 5-29 所示。专利申请的数量越多，说明该目标国在车联网技术领域具备越大的市场吸引力实力和技术研发优势。其中中国知识产权局的专利最多，美国专利商标局第二，中国和美国专利库中的专利数量相比较于其他国家具备绝对优势。说明中国和美国具备自动驾驶 / 车联网产业发展的良好市场环境和技术竞争力。

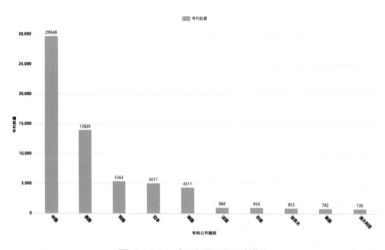

图 5-29 专利公开国别排名

根据专利来源国与目标国的分析结果，可以得出车联网技术领域的五大科技强国分别为中国、美国、德国、韩国和日本。通过对应以上五国的来源国和目标国的专利申请数量，分析主要国家的技术专利流向和布局，如图5-30所示。其中，主要国家的本土专利都最多，美国在中国、韩国、德国和日本四个国家都申请了大量专利，韩国在美国和德国两个国家都申请了大量专利，尤其美国和韩国两个国家已在海外构建起严密高效的专利保护网，形成对企业有利格局的专利组合，具备专利竞争优势。美国、日本和德国在中国有着大量专利布局，而中国在海外的专利申请比例极少，尤其在德国只申请了8件专利，几乎没有进入德国市场。

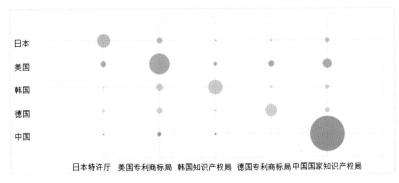

图 5-30　全球专利申请流动

专利布局失衡的局面，易导致我国在国际技术竞争和海外产品贸易中处于被动和劣势。在我国"十四五"规划中，专利族的范围目前已列为高价值专利的评价指标之一，我国车联网领域海外专利布局的困境，反映出专利价值和专利质量不高的问题。

5.3.5 车联网产业专利预警分析

专利的价值体现在其战略价值、技术价值、经济价值、法律价值和市场价值等多个方面。"合享价值度模型"以主成分线性加权综合评价的信用评分方法为理论基础，利用大数据分析技术，形成了自己独特的专利价值分析体系。选用了包括专利类型、被引证次数、同族个数、同族国家数量、权利要求个数、发明人个数、涉及 IPC 大组个数、专利剩余有效期等在内的 23个对专利价值影响较大的参数，根据样本函数关系获得权重系数，通过均衡、迭代和优化，获得专利价值度的综合评价分值，即"合享价值度"。以"合享价值度"为指标，分为"1-10"十个价值等级，数字越大说明专利价值都越高。

1. 全球高价值专利分析

2010-2020 年全球车联网产业专利高价值度趋势如图 5-31 所示，方格颜色越深说明对应该价值度的申请专利数量越多。2015 年之前，所有方格的颜色较浅，不同价值度的专利数量分布较为均匀；2016-2018 年，专利价值度比较多分布在 5 和 9 之间，在该阶段，全球专利价值有所提高；2019-2020 年，由于专利在近两年尚未完全公开，专利价值度集中在 5 和 7 之间，高价值专利较少，比例降低；整体阶段来看，高价值专利（8-10）多分布在 2016-2019，说明全球专利的价值提高。

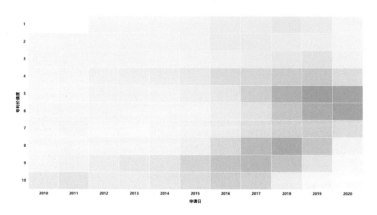

图 5-31　全球专利高价值度趋势

根据专利价值度 6-10 筛选全球车联网产业高价值专利技术构成，如图 5-32 所示。整体来看，此部分的专利多为 H04W（无线通信网络）、G08G（交通控制系统）和 H04L（数字信息的传输）技术分支的专利。G06F（电数字

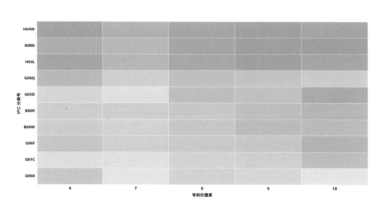

图 5-32　全球高价值专利技术构成

数据处理）和 G06K（数据识别）技术分支的专利数量和占比在价值度 9 和 10 的专利中较大，说明数字数据处理和数据识别技术专利的专利价值较大，具有较高的技术发展潜力和研发动力。

　　根据全球车联网领域专利申请的五个主要国家为对象来研究全球申请国专利价值分布，如图 5-33 所示。中国的整体方格颜色最深，说明中国的专利申请数量最多，从纵向方格来看，深颜色方格多集中在 5、6 和 8、9，10 方格颜色在五国中颜色最浅，说明最高价值度的专利最少；美国的方格在专利度 10 处的颜色最深，其次是 8 和 9，并且，美国专利度 10 的颜色从横向方格比较也是最深的，说明美国在全球车联网技术领域具备较高价值的专利技术和高价值专利垄断的地位。韩国、德国和日本的方格颜色整体较浅，申请数量量级稍低，但韩国的专利价值度集中在 4、5 和 6，德国和日本的专利价值度集中在 8、9 和 10，申请的专利价值整体比较高。

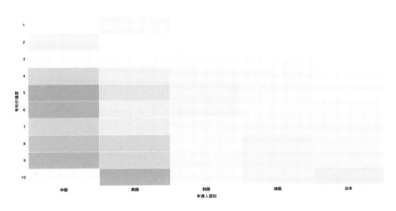

图 5-33　全球申请国专利价值分布

　　全球公开国车联网产业专利价值分布如图 5-34 所示。中国的整体方格颜色最深，说明在中国申请的专利数量最多，从纵向方格来看，深颜色方格多集中在 5-9，10 方格颜色在五国中颜色最浅，说明最高价值度的专利最少；美国的方格在专利度 10 处的颜色最深，其次是 5 和 8；专利价值度 10 的专利在美国专利商标局中最多，说明美国具备有竞争力的车联网产业发展环境，对高价值专利的布局具备高吸引力。与申请国专利价值分布相比较，日本特许厅的高价值专利比例较高，同样说明产业发展环境优越，对高价值专利的吸引力高。

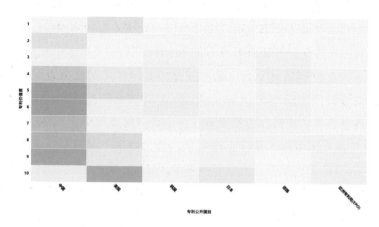

图 5-34　公开国专利价值分布

　　根据全球专利申请数量排名前十的申请人分析其专利价值分布，如图 5-35 所示。整体而言，专利多集中为价值度 4、6、8、9 和 10。全球车联网领域专利申请人中，福特汽车公司（美国）、现代汽车公司（韩国）、LG 公司（韩国）持有全球大部分的高价值专利。专利价值度为 6 的专利中，华为公司（中国）的申请量最多。中国目前只有华为公司申请的专利较高，挤入前十的全球车联网领域高价值专利企业，在申请专利的价值上仍需努力。

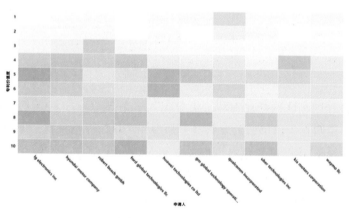

图 5-35　全球申请人专利价值度

2.中国高价值专利分析

2010-2020 年中国车联网产业专利高价值度趋势如图 5-36 所示，由于

2020 年的公开专利尚不完整，其分布比例暂不考虑。2015 年之前，所有方格的颜色较浅，不同价值度的专利数量分布较为均匀。从整体上看，我国专利价值度 6-10 的专利数量和比例，在 2016 年之后明显增大。然而在 2016-2019 年，专利价值度由 7-9 往 5-8 趋势上移，价值降低，说明中国高价值专利培育的工作任重而道远。

图 5-36　中国专利价值度趋势

根据专利价值度 6-10 筛选中国车联网产业高价值专利技术构成，如图 5-37 所示。整体来看，此部分的专利多为 H04L（数字信息的传输）、G08G（交通控制系统）和 H04W（无线通信网络）技术分支的专利，与全球的高价值的主要技术构成相同。然而，在数字数据处理和数据识别技术分支并没有和全球高价值专利技术构成反映的一样的发展潜力，说明中国的高价值专利发展稍有落后于全球发展轨迹，需要抓住在这两个领域的技术研发和专利布局机会，加紧顶层设计战略的部署。

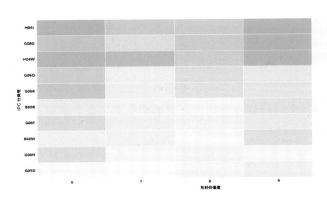

图 5-37　中国高价值专利技术构成

根据中国车联网领域专利申请的前十个主要省市为对象分析中国各省市的专利价值分布，如图 5-38 所示。其中，北京的整体方格颜色最深，说明北京的专利申请数量最多，从纵向方格来看，深颜色方格多集中在 5、6 和 9，10 方格颜色都比较浅，北京在其中是数量最多的。江苏省的专利价值度为 5 的专利最多，其次是价值度为 9 的专利和价值度为 8 的专利。说明江苏的申请专利价值在中国各省市中是领先的，但与全球的高价值专利相比较，还有很大的提升空间。其余上海、浙江、安徽、四川等省市的申请专利价值分布比较均匀，无明显特点。

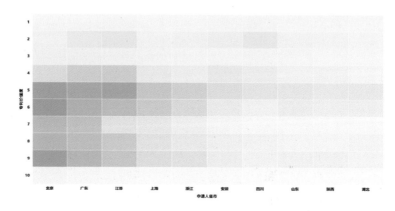

图 5-38　中国各省市专利价值度

　　根据中国专利申请数量排名前十的申请人分析其专利价值分布，如图 5-39 所示。整体而言，专利多集中为价值度 6、7 和 9。专利价值度为 10 的专利中，华为（中国）、福特（美国）、通用（美国）、百度（中国）和罗伯特·博世申请专利较多，但是总体而言，数量还是太少；专利价值度为 9 的专利中，福特公司的专利申请数量最多，从颜色深浅上看，远超过了其他专利申请人；专利价值度为 7 的专利中，华为公司的专利申请专利较多；专利价值度为 6 的专利中，百度公司的专利申请专利较多。整体而言，企业申请的专利总体价值度要高于高校申请的专利价值度；美国福特公司和通用公司在我国大量布局高价值专利，甚至超出我国本土企业的高价值专利数量。

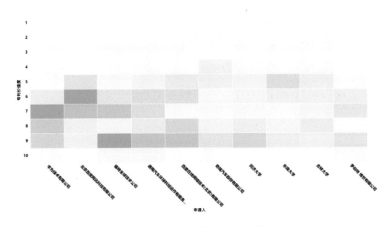

图 5-39 中国申请人专利价值

4.江苏高价值专利分析

2010–2020 年江苏车联网产业专利高价值度趋势如图 5–40 所示，由于 2020 年的公开专利尚不完整，其分布比例暂不考虑。2015 年之前，所有方格的颜色较浅，不同价值度的专利数量分布较为均匀。从整体上看，我省专利价值 5–8 的专利数量和比例，在 2016 年之后明显增大。然而在 2016–2019 年期间，专利价值度由 7–9 往 5–7 趋势上移，价值降低，与中国的专利价值度趋势相一致。

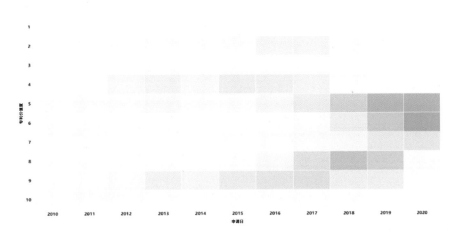

图 5-40 江苏专利价值度趋势

根据专利价值度 6-10 筛选江苏车联网产业高价值专利技术构成，如图 5-41 所示。整体来看，此部分的专利多为 G08G（交通控制系统）、H04L（数字信息的传输）和 H04W（无线通信网络）技术分支的专利，与中国的高价值的主要技术构成相同。然而，在数字数据处理和数据识别技术分支同样没有和全球高价值专利技术构成反映的一样的发展潜力。

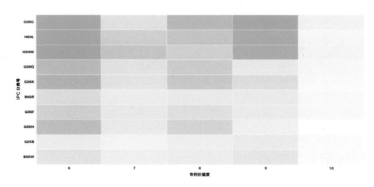

图 5-41　江苏高价值专利技术构成

根据江苏车联网领域专利申请的前十个主要地市为对象分析中国各地市的专利价值分布，如图 5-42 所示。南京的整体方格颜色最深，说明南京的专利申请数量最多，从纵向方格来看，深颜色方格多集中在 5、6、8 和 9，10 方格颜色都比较浅，南京在其中是数量最多的。南京市的专利价值度为 5、6、8 和 9 的专利最多，其次是价值度为 9 的专利和价值度为 8 的专利。说明南京的申请专利价值在江苏各地市中是领先的。苏州的专利价值度为 5 的专利数量最多，其余无锡、镇江、常州、徐州、南通、扬州、盐城和泰州等地市的申请专利价值分布比较均匀，无明显特点。

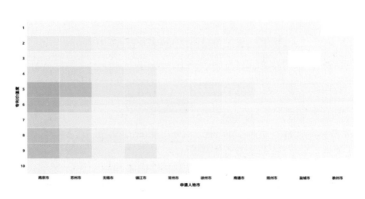

图 5-42　江苏各地市价值度

根据江苏专利申请数量排名前十的申请人分析其专利价值分布，如图5-43所示。整体而言，专利多集中为价值度5、6、8和9。专利价值度为10的专利中，南京邮电大学和常熟理工学院申请专利较多，但总体而言，数量还是太少；专利价值度为9的专利中，东南大学、江苏大学和常熟理工学院的专利申请数量最多，远超过其他申请人；专利价值度为8的专利中，东南大学、江苏大学、南京邮电大学的专利申请专利较多；专利价值度为6的专利中，东南大学和江苏大学的专利申请专利较多；东南大学申请专利价值度为5的专利数量最多。整体而言，江苏高价值专利申请人多为高校，江苏大学综合专利数量和价值而言占据显著优势。

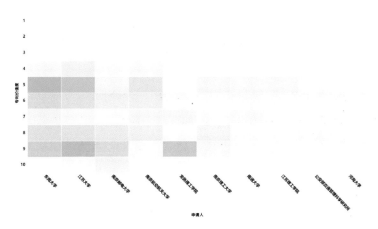

图 5-43　江苏申请人专利价值

5.4　标准助力

5.4.1 总体标准

我国在 C-V2X 应用标准方面，从 2017 年 12 月至今，工信部、交通运输部、公安部、国标委等多部委联合陆续出台了《国家车联网产业标准体系建设指南》系列顶层设计文件，如图 5-44 所示，按照不同行业属性划分为智能网联汽车标准体系、信息通信标准体系、电子产品与服务标准体系、车辆智能管理标准体系、智能交通相关标准体系，并在此基础上统筹协同产业各方共同构建《车联网网络安全和数据安全标准体系建设指南》，加强对车联网安全整体支撑作用，形成了我国完善的车联网产业标准体系，共计规划制修订国家标准 / 行业标准 500 余项。

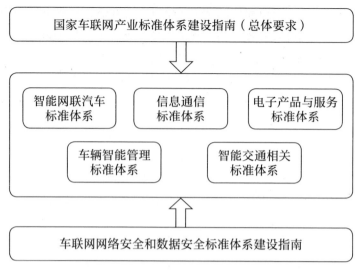

图 5-44 中国车联网产业标准体系建设

根据《国家车联网产业标准体系建设指南（总体要求）》的规定，我国车联网产业标准体系建设总体目标包括如下 2 个阶段：

2018-2020 年：主要解决标准体系融合贯通和基础共性标准缺失的问题，基本建成国家车联网产业标准体系。

2020-2025 年：主要解决标准体系完善及标准推广应用问题，全面形成中国标准智能汽车的技术创新、产业生态、路网设施、法规标准、产品监管和信息安全体系。

图 5-45 标准体系引导

2017年12月，工业和信息化部、国家标准化管理委员会联合印发《国家车联网产业标准体系建设指南（智能网联汽车）》。智能网联汽车标准体系主要明确智能网联汽车定义、分类等基础方向，人机界面、功能安全与评价等通用规范方向，环境感知、决策预警、辅助控制、自动控制、信息交互等产品与技术应用相关标准方向。按照智能网联汽车的技术逻辑结构、产品物理结构相结合的构建方法，将智能网联汽车标准体系框架定义为"基础"、"通用规范"、"产品与技术应用"、"相关标准"四个部分，同时根据各具体标准在内容范围、技术等级上的共性和区别，对四部分作进一步细分，形成内容完整、结构合理、界限清晰的子类。指南旨在有目的、有计划、有重点地指导车联网产业智能网联汽车标准化工作，通过建立完善的智能网联汽车标准体系，引导和推动我国智能网联汽车技术发展和产品应用，培育我国智能网联汽车技术自主创新环境，提升整体技术水平和国际竞争力，构建安全、高效、健康、智慧运行的未来汽车社会。

2018年6月，工业和信息化部、国家标准化管理委员会联合印发《国家车联网产业标准体系建设指南（信息通信）》。信息通信标准体系主要面向车联网信息通信技术、网络和设备、应用服务进行标准体系设计，着力研究 LTE-V2X、5G eV2X 等新一代信息通信技术，支撑车联网应用发展的相关标准化需求和重点方向。车联网产业中涉及信息通信的关键标准，分为感知层（端）、网络层（管）和应用层（云）三个层次，并以共性基础技术和信息通信安全技术为支撑，按照"端—管—云"的方式划分了体系结构。指南主要针对信息通信领域通用规范、核心技术与关键产品应用，旨在有目的、有计划、有重点地指导车联网产业信息通信领域标准化工作，加快构建包括通信协议、设备、应用服务及安全在内的信息通信标准体系，充分发挥信息通信标准在车联网产业关键技术、核心产品和功能应用的基础支撑和引领作用。

2018年6月，工业和信息化部、国家标准化管理委员会联合印发《国家车联网产业标准体系建设指南（电子产品与服务）》。电子产品与服务标准体系主要针对支撑车联网产业链的汽车电子产品、车载信息系统、车载信息服务和平台相关的标准化工作，明确车联网电子产品和车载信息服务的标准化发展方向。车联网电子产品与服务包括基础产品、终端、网络、平台与服务等，通过基础产品和终端采集并获取车辆的智能信息，感知并处理行车状态与环境，实现交通信息、导航服务、娱乐信息、安全行驶、在线商务、排放信息、远程控制等方面的车载信息服务。指南主要针对电子产品与服务通用规范、核心技术及关键应用，旨在有目的、有计划、有重点地指导车联网产业电子产品与服务领域的标准化工作，加快构建包括汽车电子产品、网络设备、服务平台及信息安全在内的电子产品与服务标准体系，充分发挥电子产品与服务标准在车联网产业关键技术、核心产品和功能应用的基础支撑和引领作用。

2020 年 4 月，工业和信息化部、公安部、国家标准化管理委员会联合印发《国家车联网产业标准体系建设指南（车辆智能管理）》。车辆智能管理标准体系主要面向智能网联汽车登记管理、身份认证与安全、道路运行管理及车路协同管控与服务等领域进行标准体系设计，聚焦国家交通强国、科技强国、数字中国、智慧社会战略，发挥标准的基础性和引导性作用，满足车联网环境下的车辆智能管理工作需求，加快推进现代科技与交通管理的深度融合，促进车联网技术和产业发展。指南主要针对车联网环境下的车辆智能管理工作需求，构建适应我国道路交通管理体制和技术、产业发展需要的标准体系。指南旨在有目的、有计划、有重点地指导车辆智能管理标准化工作，对保障智能网联汽车上道路测试、行驶时的交通安全起到基础支撑和引领作用。

2021 年 2 月，工业和信息化部、交通运输部、国家标准化管理委员会联合印发《国家车联网产业标准体系建设指南（智能交通相关）》。智能交通相关标准体系明确车联网（智能交通相关）技术架构图，从智能交通基本构成要素出发，考虑车联网环境下人、车、路的协同，主要包括智能交通基础设施、车路交互信息、车联网运输管理与服务三方面内容。指南主要针对智能交通通用规范、核心技术及关键应用，构建包括智能交通基础标准、服务标准、技术标准、产品标准等在内的标准体系，指导车联网产业智能交通领域的相关标准制修订，充分发挥标准在车联网产业关键技术、核心产品和功能应用的引领作用。

2022 年 2 月，工业和信息化部印发《车联网网络安全和数据安全标准体系建设指南》。车联网网络安全和数据安全标准体系重点研究基础共性、终端与设施网络安全、网联通信安全、数据安全、应用服务安全、安全保障与支撑等领域，着力增加基础通用、共性技术、试验方法、典型应用等产业标准的有效供给，覆盖车联网网络安全、数据安全的关键领域和关键环节。指南旨在加快建立健全车联网网络安全和数据安全保障体系，为车联网产业安全健康发展提供支撑。

5.4.2 标准组织及技术标准研究

C-V2X 应用涉及汽车、通信、交通、建筑等多个行业领域，依据《国家车联网产业标准体系建设指南》要求，在国家制造强国建设领导小组车联网产业发展专委会指导下，由工业和信息化部会同交通运输部、公安部、住建部、国家标准化管理委员会等部门，组织各领域相关标准化技术委员会、科研院所、产业联盟、企业等共同开展标准制定工作，建立起国标、行标、团标协同配套的新型标准体系，共同推动车联网产业发展。车联网相关标准研究组织如图 5-46 所示。

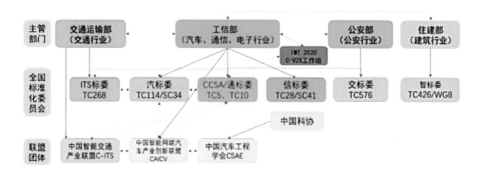

图 5-46　我国车联网标准研究组织

（1）中国通信标准化协会（CCSA）

CCSA 是在原信息产业部通信标准研究组的基础上，经原信息产业部、国家标准化管理委员会同意，经民政部批准于 2002 年 12 月成立的非营利性法人社会团体，全国通信标准化技术委员会（SAC/TC485）秘书处，3GPP 七大组织伙伴成员之一。负责组织信息通信技术领域国家标准、行业标准以及团体标准的制修订工作以及标准归口管理工作。

CCSA 下设 13 个技术工作委员会（TC），其中以 TC10/WG5（物联网车联网工作组）为主要负责车联网端到端业务架构的体系设计和标准化梳理，对辅助驾驶、高级自动驾驶等各阶段应用需求进行研究，对车联网应用相关的互联互通、互信互认技术和协议进行标准化，此外，还进行如 TC5（无线通信）和 TC8（网络与信息安全）等协同负责 C-V2X 无线通信技术、信息安全等相关标准研究和制定。

依据《国家车联网产业标准体系建设指南（信息通信）》等文件指导，CCSA 围绕互联互通和基础支撑，组织完成了 C-V2X 总体架构、空中接口、网络层与消息层、多接入边缘计算、安全等相关标准化工作，已发布标准

20余项，形成了我国基于 LTE-V2X 的车联网无线通信标准体系，见表 5.1。目前 CCSA 车联网相关在研标准 40余项，主要聚焦在车路协同路侧系统、运维管理平台、5G 远程遥控驾驶、基于移动互联网的车路协同、封闭园区等业务应用以及 C-V2X 规模化测试、异常管理、信息安全管理等通信技术及安全标准化。

表 5.1 基于 LTE-V2X 的车联网无线通信标准体系

序号	标准分类	标准名称	状态	类型
1	总体	YD/T 3400-2018 基于 LTE 网络的无线通信技术总体技术要求	发布	行标
2	接入层	YD/T 3340-2018 基于 LTE 的车联网无线通信技术空中接口技术要求	发布	行标
3	网络层	YD/T 3707-2020 基于 LTE 的车联网无线通信技术网络层技术要求	发布	行标
4		YD/T 3708-2020 基于 LTE 的车联网无线通信技术网络层测试方法	发布	行标
5		YD/T 4008-2022 基于 LTE 的车联网无线通信技术应用标识分配及映射	发布	行标
6	消息层	YD/T 3709-2020 基于 LTE 的车联网无线通信技术消息层技术要求	发布	行标
7		YD/T 3710-2020 基于 LTE 的车联网无线通信技术消息层测试方法	发布	行标
8	通信安全	YD/T 3594-2019 基于 LTE 的车联网通信安全技术要求	发布	行标
9		YD/T 3750-2020 车联网无线通信安全技术指南	发布	行标
10		YD/T 3957-2021 基于 LTE 的车联网无线通信技术安全证书管理系统技术要求	发布	行标
11	终端设备	YD/T 基于 LTE 的车联网无线通信技术终端设备技术要求	报批	行标
12		YD/T 3847-2021 基于 LTE 的车联网无线通信技术支持直连通信的车载终端设备测试方法	发布	行标
13		YD/T 基于 LTE 的车联网无线通信技术路侧设备技术要求	报批	行标
14		YD/T 3847-2021 基于 LTE 的车联网无线通信技术支持直连通信的路侧设备测试方法	发布	行标
15	核心网设备	YD/T 3593-2019 基于 LTE 的车联网无线通信技术核心网设备技术要求	发布	行标
16		YD/T 基于 LTE 的车联网无线通信技术核心网设备测试方法	送审	行标
17	基站设备	YD/T 3592-2019 基于 LTE 的车联网无线通信技术基站设备技术要求	发布	行标
18		YD/T 3629-2020 基于 LTE 的车联网无线通信技术基站设备测试方法	发布	行标

（2）全国汽标委智能网联汽车分标委（SAC/TC114/SC34）

全国汽车标准化技术委员会智能网联汽车分技术委员会（SAC/TC114/SC34）于2017年12月经国家标准化管理委员会批准成立，由工业和信息化部进行业务指导，秘书处设立在中汽中心。TC114/SC34是在全国范围内负责智能网联汽车标准化工作的专业标委会，主要包括汽车驾驶环境感知与预警、驾驶辅助、自动驾驶以及与汽车驾驶直接相关的车载信息服务专业领域标准化工作，成立了ADAS、自动驾驶、网联功能与应用、汽车信息安全等专项标准研究工作组。

依据《国家车联网产业标准体系建设指南（智能网联汽车）》等文件指导，TC114/SC34围绕基础通用、汽车智能化、网联化等急需关键标准，组织完成了智能网联汽车功能安全、信息安全以及信息交互、ADAS等核心功能技术及测试方法标准制定工作，已发布国家标准22项，报批16项，已立项在研20余项，预研10余项，圆满完成国家车联网产业标准体系（智能网联汽车）建设第一阶段目标，初步建立起能够支撑驾驶辅助及低级别自动驾驶的智能网联汽车标准体系，为智能网联汽车产业高质量发展提供了坚实保障。TC114/SC34部分标准见表5.2。

表5.2 TC114/SC34车联网相关标准

序号	标准分类	标准名称	状态	类型
1	基础通用	GB/T 34590道路车辆 功能安全 系列标准（修订中）	发布	国标
2		GB/T 道路车辆 网联车辆方法论 系列标准	报批	国标
3		GB/T 智能网联汽车 术语和定义	报批	国标
4	ADAS	GB/T 38186-2019商用车辆自动紧急制动系统（AEBS）性能要求及试验方法	发布	国标
5		GB/T 39265-2020道路车辆 盲区监测（BSD）系统性能要求及试验方法	发布	国标
6		GB/T 39901-2021乘用车自动紧急制动系统（AEBS）性能要求及试验方法	发布	国标
7		GB/T 39323-2020乘用车车道保持辅助（LKA）系统性能要求及试验方法	发布	国标
8		GB/T 乘用车夜视系统性能要求与试验方法	报批	国标
9	自动驾驶	GB/T 40429-2021汽车驾驶自动化分级	发布	国标
10		智能网联汽车 自动驾驶功能场地试验方法及要求	报批	国标
11		智能网联汽车 自动驾驶系统设计运行条件	申请立项	国标
12		智能网联汽车 自动驾驶系统通用技术要求	已立项	国标
13		智能网联汽车 自动驾驶功能道路试验方法及要求	已立项	国标
14		智能网联汽车 自动泊车系统性能要求及试验方法	申请立项	国标

序号	标准分类	标准名称	状态	类型
15	信息安全	GB/T 40861-2021 汽车信息安全通用技术要求	发布	国标
16		GB/T 40857-2021 汽车网关信息安全技术要求及试验方法	发布	国标
17		GB/T 40856-2021 车载信息交互系统信息安全技术要求及试验方法	发布	国标
18		GB/T 40855-2021 电动汽车远程信息服务与管理系统信息安全技术要求及试验方法	征求意见	国标
19	网联功能与应用	车载专用无线短距传输系统技术要求和试验方法	申请立项	行标
20		基于 LTE-V2X 直连通信的车载信息交互系统技术要求及试验方法	申请立项	国标

（3）全国道路交通管理标准化技术委员会（SAC/TC576）

全国道路交通管理标准化技术委员会（TC576）于 2018 年 10 月经国家标准化管理委员会批准成立，由公安部交通管理局进行业务指导，秘书处设立在公安部交通管理科学研究所。TC576 负责组织道路交通管理领域国家标准和行业标准制修订工作。在车联网方面，TC576 主要负责智能网联汽车登记管理、身份认证与安全、道路运行管理及车路协同管控与服务等领域标准化工作。

依据《国家车联网产业标准体系建设指南（车辆智能管理）》等文件指导，为适应车联网中路侧设施与车辆互联互通的应用需求，TC576 积极推进改造和提升道路基础设施的信息化智能化能力，推进网联车辆管理及协同管控服务等部分核心标准的制定。已发布首个车联网行业标准《GA/T 1743-2020 道路交通信号控制机信息发布接口规范》，GA/T 1743 规定了面向车联网服务应用类信息的交互接口与协议，规范了交通信号机与路侧网联设施的信息交互规范，对指导我国车联网交管路侧设施建设具有重大意义。

表 5.3　TC576 车联网相关标准

序号	标准名称	状态	类型
1	GB/T 智能网联汽车运行安全测试环境技术条件 第 1 部分 公共道路	征求意见	国标
2	GB/T 智能网联汽车运行安全测试技术条件	征求意见	国标
3	GA/T 智能网联汽车运行安全半开放道路测试场景要素及设置要求	征求意见	行标
4	GA/T 智能网联汽车运行安全封闭场地测试场景要素及设置要求	征求意见	行标
5	GA/T 智能网联汽车运行安全公共道路测试场景要素及设置要求	征求意见	行标
6	GA/T LED 道路交通诱导可变信息标志通信协议（修订）	征求意见	行标
7	GB/T 智能网联汽车数字身份及认证通用规范	预研	国标

序号	标准名称	状态	类型
8	GB/T 道路交通管理车路协同系统信息交互接口规范	预研	国标
9	GB/T 道路交通管控设施信息交互接口规范	预研	国标
10	GB/T 道路交通管控设施数字身份及认证通用规范	预研	国标

（4）全国智能运输系统标准化技术委员会（SAC/TC268）

全国智能运输系统标准化技术委员会（TC268）由交通运输部负责业务指导，秘书处设立在交通运输部公路科学研究院，负责组织公路工程智能运输系统领域国家标准和行业标准制修订工作。面向车联网应用，TC268 设立了数字化基础设施与车路协同、智能驾驶以及出行服务三大工作组，负责牵头 C-V2X 交通基础设施智能化以及车路协同信息交互相关标准研制。

依据《国家车联网产业标准体系建设指南（智能交通相关）》等文件指导，TC268 围绕营运车辆主动安全预警、智能辅助驾驶、车路协同信息交互等技术应用，完善了智能运输系统标准体系，涵盖了《营运车辆自动紧急制动系统性能要求和测试规程》《营运车辆弯道速度预警系统性能要求和测试规程》《合作式智能运输系统　专用短程通信　第 3 部分：网络层和应用层规范》《交通运输　数字证书格式》《营运车辆　车路交互信息集》等 122 项已发布标准，并在"数据管理""车路互交""出行服务"等方面拟新制定标准 18 项。

表 5.4　TC268 车联网相关标准

序号	标准名称	状态	类型
1	GB/T 自动驾驶封闭测试场地建设技术要求	送审	国标
2	GB/T 车路协同系统智能路侧一体化协同控制设备技术要求和测试方法	征求意见	国标
3	GB/T 合作式智能运输系统应用集 第 1 部分：车辆辅助驾驶应用集	起草	国标
4	GB/T 合作式智能运输系统应用集 第 2 部分：车辆协同驾驶应用集	起草	国标
5	GB/T 智能运输系统　智能驾驶电子道路图数据模型与表达 第 1 部分：封闭道路	送审	国标
6	GB/T 智能运输系统　智能驾驶电子道路图数据模型与表达 第 2 部分：开放道路	送审	国标
7	JT/T 基于车路协同的营运车辆前方交通障碍预警系统要求	报批	行标
8	JT/T 营运车辆车路 / 车车通信（V2X）终端性能要求和检测方法	报批	行标

（5）全国智标委智能网联基础设施标准工作组（SAC/TC426/WG8）

2021 年 4 月，由住房和城乡建设部负责业务指导，全国智能建筑及居住区数字化标准化技术委员会批准成立智能网联基础设施标准工作组（SAC/TC426/WG8），中国电动汽车百人会担任组长单位，主要负责社区内与园区内智慧泊车、智慧出行与无人配送的标准制修订和应用推广。TC426/WG8 已发布《智慧停车发展及智慧停车系统白皮书》、《社区园区无人配送智能网联基础设施白皮书》和《园区内智慧出行标准化白皮书》三项成果，后续将进一步开展相应标准体系研究。

2022 年 2 月 11 日，智慧城市基础设施与智能网联汽车协同发展试点工作办公室（简称"双智试点办"）在北京组织召开双智试点标准工作座谈会，会议提出由北京、上海、广州、武汉、长沙、无锡等第一批试点城市牵头六个标准导则编写工作，拟由住建部城建司和标定司委托中国电动汽车百人会研究双智标准体系相关课题，梳理国内外相关标准规范现状，16 个城市互认互用并不断完善，为其他城市提供可借鉴可复制的经验成果。六项双智城市标准导则名称如表 5.5 所示。

表 5.5　双智城市标准导则

序号	试点城市	负责导则名称
1	广州	自主代客泊车停车场建设规范
2	北京	智慧灯杆网联化系统技术与工程建设规范
3	上海	充电设施网联化应用的技术接口要求
4	无锡	智慧城市全息感知道路建设导则
5	武汉	车城网平台感知设备接入技术要求
6	长沙	智慧公交智能网联基础设施建设规范

（6）中国汽车工程学会（CSAE）& 中国智能网联汽车产业创新联盟（CAICV）

CSAE 是由中国汽车科技工作者自愿组成的全国性、学术性法人团体；是中国科学技术协会的组成部分，非营利性社会组织。CSAE 于 2006 年开始启动标准化工作，属于团体标准范畴。CAICV 由中国汽车工程学会、中国汽车工业协会联合汽车、通信、交通、互联网等领域的企业、高校、研究机构，于 2017 年 6 月组建成立，工信部作为指导单位。

CAICV 下设 V2X、信息安全、自动驾驶地图与定位、预期功能安全、测试示范等 13 个专业工作组，依托 CSAE 团体标准平台组织开展包括环境感知、智能决策、控制执行、专用通信与网络、安全、车路协同与网联融合、高精度地图与定位、测试评价与示范推广等前瞻、交叉、空白领域的团体标准的研究与制定工作。CAICV 还与 CCSA、TC114/SC34、中国智能交通产业联盟（C-ITS）等标准组织开展标准合作，CAICV 重点开展汽车系统及应用等标准制定，并且优先支持 CCSA 开展智能网联汽车通信和互联互通等基础共性标准制定，优先支持 C-ITS 开展智能化基础设施等标准制定，协同建立健全国标、行标、团标协同配套的新型标准体系。

依据《国家车联网产业标准体系建设指南》系列文件指导，2020 年开始 CAICV 制定发布了联盟《智能网联汽车团体标准体系建设指南》并持续更新，围绕"三横两纵"技术架构，如图 5-47 所示，开展相关标准研究，并规划了 212 项团体标准项目和 13 项研究项目。

图 5-47 "3+N"智能网联汽车相关标准研究框架

截至 2022 年，CAICV&CSAE 已发布团体标准 20 余项，立项在研 50 余项，包括多项"车—路—云—图"相关核心标准，有效地补充和完善了业务应用、消息协议、智能设施、云控平台等方面标准体系。CAICV&CSAE 相关标准见表 5.6。

表 5.6 CAICV&CSAE 车联网相关标准

序号	标准名称	状态	类型
1	T/CSAE53-2020 合作式智能运输系统车用通信系统应用层及应用数据交互标准第一阶段	发布	团标
2	T/CSAE157-2020 合作式智能运输系统车用通信系统应用层及应用数据交互标准第二阶段	发布	团标
3	T/CSAE158-2020 基于车路协同的高等级自动驾驶数据交互内容	发布	团标
4	T/CSAE159-2020 基于 LTE 的车联网无线通信技术直连通信系统路侧单元技术要求	发布	团标

序号	标准名称	状态	类型
5	T/CSAE 125-2020 智能网联汽车测试场设计技术要求	发布	团标
6	T/CSAE 247-2022 智能网联汽车道路试验监管系统技术规范	发布	团标
7	T/CSAE 246-2022 智能网联汽车 V2X 系统预警应用功能测试与评价规程	发布	团标
8	T/CSAE 248-2022 合作式智能运输系统车路协同云控系统 C-V2X 设备接入技术规范	发布	团标
9	T/CSAE156-2020 自主代客泊车系统总体技术要求	发布	团标
10	T/CSAE 261—2022 自主代客泊车地图与定位技术要求	发布	团标
11	T/CSAE 267—2022 智能网联汽车 自动驾驶地图数据质量规范	发布	团标
12	T/CSAE 212-2021 智能网联汽车场景数据图像标注要求及方法	发布	团标
13	T/CSAE 213-2021 智能网联汽车激光雷达点云数据标注要求及方法	发布	团标
14	T/CSAE185-2021 智能网联汽车自动驾驶地图采集要素模型与交换格式	发布	团标
15	T/CSAE 252-2022 智能网联汽车车载端信息安全测试规程	发布	团标
16	智能网联汽车自然驾驶场景提取方法及要求	征求意见	团标
17	智能网联汽车激光雷达感知测评要求及方法	征求意见	团标
18	智能网联汽车云控系统系列标准	起草	团标
19	车路协同路侧基础设施信息安全技术要求	起草	团标
20	智能网联汽车城市道路场景无人化测试场地试验方法及要求	起草	团标

（7）中国智能交通产业联盟（C-ITS）

中国智能交通产业联盟（C-ITS）由国内智能交通相关的知名企业、科研院所、高等院校等单位自愿发起成立，于 2015 年 2 月经民政部门核准登记。C-ITS 以标准制定为抓手，测试检测为基础，开展智能交通相关标准制定、技术测试检测、知识产权交易与保护、国际交流与合作等相关工作。

C-ITS 设立了合作式智能交通工作组、车载信息服务与安全工作组、出行信息服务工作组、智能驾驶工作组、营运车辆工作组等九个专项工作组。截至 2022 年 CITS 已发布包括车路协同、自动驾驶、智慧公交、智能基础设施等方面团体标准数十项。部分标准见表 5.7。

表 5.7　C-ITS 车联网相关标准

序号	标准名称	状态	类型
1	T/ITS 0186-2021 无人驾驶营运车辆安全技术条件	发布	团标
2	T/ITS 0182.1-2021 自动驾驶公交车　第 1 部分：车辆运营技术要求	发布	团标
3	T/ITS 0182.2-2021 自动驾驶公交车 第 2 部分：自动驾驶功能测试方法与要求	发布	团标

序号	标准名称	状态	类型
4	T/ITS 0180.2-2021 车路协同信息交互技术要求 第 2 部分　云控平台与第三方应用服务	发布	团标
5	T/ITS 0180.1-2021 车路协同信息交互技术要求 第 1 部分　路侧设施与云控平台	发布	团标
6	T/ITS 0184-2021 道路视频摄像机智能分析功能测试规范	发布	团标
7	T/ITS 0152-2020 道路视频摄像机智能分析功能及分级要求	发布	团标
8	T/ITS 0173-2021 智能交通　路侧激光雷达接口技术要求	发布	团标
9	T/ITS 0172-2021 智能交通　毫米波雷达交通状态检测器接口技术要求	发布	团标
10	TITS 0171-2021 智能交通　道路摄像机接口技术要求	发布	团标
11	T/ITS 0170-2021 智能交通　道路交通信号控制机接口技术要求	发布	团标
12	T/ITS 0140-2020 智慧高速公路　车路协同系统框架及要求	发布	团标
13	T/ITS 0128-2021 智能交通　毫米波雷达交通状态检测器	发布	团标
14	T/ITS 0117-2020 合作式智能运输系统 RSU 与中心子系统间数据接口规范	修订中	团标
15	T/ITS 0113.3-2021 营运车辆 合作式自动驾驶货车编队行驶 第 3 部分：车辆通讯应用层数据交互要求	发布	团标
16	T/ITS 0113.2-2019 营运车辆 合作式自动驾驶货车编队行驶 第 2 部分：驾驶场景和行驶行为要求	发布	团标
17	T/ITS 0113.1-2019 营运车辆　合作式自动驾驶货车编队行驶 第 1 部分：总体技术要求	发布	团标
18	T/ITS 0110-2020 基于 LTE 的车联网无线通信技术 直连通信系统路侧单元技术要求	发布	团标

6.1 车联网技术发展预测

6.1.1 车联网外部环境感知技术

在车辆行驶过程中，由于车辆的快速移动，周边环境会在短时间内发生较大变化，当前的感知技术在物体感知精准度与检测精准度方面无法达到无人驾驶的要求。外部环境感知技术，仅可以对距离较近的可视环境下的物品进行检测，并且是在无法管控的空间形态下实施的，行为外部样貌的多元化与光照程度的改变会导致检测的困难程度增高，若不关注这些要素，会对检测系统的性能造成一定程度的不良影响，同时会给智能网联交通系统的安全带来隐患。然而伴随人工智能技术的不断提升，愈来愈多的学者把机械学习方法运用到感知技术中，目的是优化常规算法对路边障碍物、机动车、行人的感知成效。未来，以人工智能技术和激光雷达结合的环境感知技术将会成为车联网发展的主流。

6.1.2 车辆智能自主决策技术

车辆自主决策技术是利用汽车所具有的感知仪器获取的周围环境信息、车辆行驶状态和无人驾驶机动车的行进倾向，在确保驾驶快速、舒适、安全的状况下，对机动车行进方向和驾驶行为做出的科学判断。车辆自主决策技术是自动驾驶车辆的大脑，因此在智能网联交通系统中占据着重要的地位。车辆智能决策方案包括终端到终端的方案和规则方案。规则方案需要人工来搭建一个复杂的架构，涉及上千个模块，具有较高的可解释性。终端至终端的方案，和人们的驾驶模式十分近似，能够看到到驾驶人员所看到的情景，通过神经网络分析之后，能够做出和驾驶人员近似的驾驶行为。

近年来，随着人工智能技术的发展，以神经网络为代表的机器学习类算法被越来越多地应用到自动驾驶领域。由于机器学习算法相对于传统的方法具有良好的效果，可有效提升决策的准确率，未来以机器学习和深度学习算法为主的车辆智能自主决策技术将会成为研究的重点。

6.1.3 新型车路协同技术

车路协同技术能够通过 V2X 通信方式将自动驾驶车辆感知到的周围车辆信息以及路侧基础设施信息进行交互共享，从而达到高效利用系统资源，提升行车安全性，缓解交通拥堵等目的。

车路协同系统最早起源于美国交通部 1997 年提出的智能车辆倡议（intelligent vehicle initiative），此倡议于 1998 年得到了授权资助。此后各国纷纷开展车路协同项目的研究，例如，美国后续的车路协同（Vehicle Infrastructure Integration，VII）项目，日本的 Smartway 项目，欧盟的 European Road Safety Atlas 项目等，这些项目都致力于通过对智能网联交通系统的构建以实现促进土地资源利用率，提高交通系统运行效率，避免车辆碰撞，减少交通事故的目的。国内对这方面的研究起步相对较晚，但同样取得了丰硕的研究成果。清华大学"智能车路协同关键技术研究"项目完成了智能车路协同系统（Intelligent Vehicle Infrastructure Cooperative Systems，IVICS）的设计，项目完成了对智能车载系统关键技术、多模式通信交互平台、车路协同系统集成与仿真等一系列的研究。同济大学承担的"基于车路协同环境的下一代道路交叉口交通控制技术探索研究"项目、长安大学建立的大型车联网与智能汽车试验场以及国家科技部设置的"面向自动驾驶的 5G 关键技术研究与演示"等专项课题，都旨在解决智能网联交通系统发展中所遇到的关键性难题，使智能交通行业在健康、有序、平稳中蓬勃发展。

现阶段，针对车路协同技术的研究主要集中在车辆路权优先决策、基于车速的交通信号优化、基于交通信号的车速优化、虚拟交通信号决策以及交通信号与车速联合决策等多个方面，旨在利用车—人、车—车以及车—路间的联合信息交互能力，实现车辆与路边基础设施的联合优化决策。但随着路面上车辆数目的不断增加，上述车路协同控制问题即使采用分层优化的处理方法，也有可能因变量的个数过多而出现无法求解的情况。因此，如何利用人工智能以及机器学习类方法，降低问题求解过程中对复杂数学模型的依赖程度，提升车路协同优化控制方法的鲁棒性与适应性，是目前急需解决的瓶颈问题，也是未来值得花费时间与精力研究的重要方向。

6.1.4 车联网控制执行技术

控制执行技术是指按照车辆自主决策过程的输出结果，控制自动驾驶汽车的驾驶速度以及行驶方向，使其安全到达规定目标地点的过程。智能网联交通系统的控制执行技术主要包括横向控制与纵向控制两大类。

横向控制主要是通过控制车轮的转向角度和横摆力矩，在保证乘车舒适性以及车辆行驶稳定性的前提下，使自动驾驶车辆始终行驶在所期望的规划路径上。纵向控制是指通过对自动驾驶车辆的车速进行控制，使得本车与前后车之间的行车距离保持在安全的距离范围之内，防止交通事故的发生。

现有自动驾驶汽车多数采用传统的控制方法，我国目前对制动和控制关键技术已有一定研发基础，但还有较大的提升空间，未来综合横向控制和纵向控制以及融合先进机器学习和深度学习模型的车联网控制技术将会是研究的重点方向。

6.1.5 车联网与云计算融合技术

云计算技术大多都会采用分布式冗余存储方式，能够有效地对一些庞大的数据链进行处理并实时分享。云计算技术提供的服务包含基础设施即服务（infrastructure as a service，IaaS）、平台即服务（platform as a service，PaaS）和软件即服务（software and services，SaaS），目前云计算在交通领域已经得到了一些应用，如地理信息服务、路径诱导服务和信息发布应用等。智能网联交通系统中大量数据存储和计算的需求，为云计算技术从概念层走向应用层提供了机遇，两者可以实现优势互补。而云计算技术应用在智能网联交通系统中尚处于初级阶段，IaaS 层为智能网联交通系统提供处理、存储、网络和基本计算资源，允许部署路网层、路段层和路侧设备通用的应用；PaaS 层提供服务，允许将路网层、路段层和路侧设备所需应用部署在云端；SaaS 层可访问云供应商提供的服务应用。如何建立完善的智能网联交通云平台、提高云服务的安全性将是未来智能网联交通技术发展的重要方向。

6.1.6 5G 车联网技术

车联网主要是由硬件、软件和系统 3 个部分组成，其存在的意义就是通过把人、汽车和道路紧密结合在一起，给人们日常出行带来便利。

目前，在车联网中，多种网络共存，包括基于 IEEE 802.11a/b/g/n/p 标准协议的 WLAN、2G/3G/4G 蜂窝通信、LTE 以及卫星通信等网络，这些网络在车联网通信中使用不同的标准和协议，数据处理和信息交互不完善且传输效率较低。5G 移动通信融合毫米波、大规模天线阵列、超密集组网、全双工通信（FD，wireless full-duplex）等关键技术，显著提高了通信系统的性能。在车联网应用场景中，相比 IEEE 802.11p 标准的通信，5G 车联网的特点主要体现在低时延与高可靠性、频谱和能源高效利用、更加优越的通信质量。

未来 5G 通信技术在车联网场景的应用使车联网拥有更加灵活的体系结

构和新型的系统元素（5G 车载单元 OBU、5G 基站、5G 移动终端、5G 云服务器等）。除了在车内网、车际网、车载移动互联网实现 V2X（X：车、路、行人及互联网等）信息交互以外，5G 车联网还将实现 OBU、基站、移动终端、云服务器的互联互通，分别给予它们特殊的功能和通信方式。5G 车联网体系结构的特点主要体现在 OBU 多网接入与融合、OBU 多渠道互联网接入、多身份 5G 基站。

6.1.7 车联网安全技术

随着智能网联技术的不断发展，针对交通系统的安全攻击日益增多。当智能车辆的车载设备通过各种无线方式与其他相关设备或互联网相连时，网络安全问题随之产生。互联网原有的安全问题可能会派生到车载系统中，由于车辆自身是一个高速移动的信息系统，危害性会随之扩大。此外，智能网联交通系统根据采集的大数据，利用电脑和软件来进行机械化控制，这可能会使得安全风险进一步加大。

受限于车联网设备的兼容性，传统的网络安全机制并不适用车联网环境，例如某些身份验证机制、安全通信策略、加密技术或者安装防火墙和杀毒软件等，随着人工智能技术的发展和相关设备的普及，机器学习和深度学习模型开始用于车联网安全方面，通过相关的模型分析和预测是否存在网络攻击，可以在车辆受到攻击之前对网络攻击进行拦截，并且可以在一定程度上拦截未知攻击，逐渐成为未来车联网主动安全的重点研究方法和核心技术。

6.2　车联网应用前景

6.2.1 移动管理

车联网在未来将会成为汽车技术发展的新常态，因为这种技术不仅能为人们的日常生活带来极大的便利，而且还能为人类其他领域的进步发展提供条件。众所周知，汽车最终还是一种交通工具，把用户从 A 点带到 B 点是永恒不变的主题，虽然说现在的导航系统，包括路况监测系统已经非常发达，但仍然在交通的便利性方面存在压力，在未来这点会继续是车联网技术针对汽车基本功能发展提升的要点。以全球最拥堵的十个城市为例。假设每天上班的单程路程是 30 分钟，在北京比较堵的时候，一年下来堵车的时间就 22 天，大概就是 528 个小时。这给我们两个启示：一方面，在提高驾驶效率上，依然有很大的空间；另一方面，一百多个小时在车上，是不是可以利用消费者时间窗口，为他们提供更多的服务。交通拥堵给城市带来的额外的浪费，我们视作交通拥堵成本。纽约市的一个商业团体 Partnership for New York City 计算出，自 2018 至 2023 年，交通拥堵将使该市及其郊区的经济每年减少 10 亿美元，纽约人平均每年因交通而放弃 102 个小时，或者 1,600 美元的生产力损失。这个数据如果应用到中国，中国有六百多个城市，给社会带来的交通拥堵的成本应该是非常非常大的，这一点相信也是中央、地方政府、车企、消费者共同感到有压力和有需求的地方。所以移动管理相关的车联网应用在未来会是长期的发展方向，具体的内容会包括现在比较成熟的实时导航、未来基于消费者的驾驶行为习惯、制定的节油管理系统等等。

另外，通过车联网的智能驾驶技术，智能驾驶室指利用车路协同技术，由路侧分布的大量信息感知单元采集到各种道路信息，如路面状况（道路是否在维修、是否有滚石）、天气状况（是否有雾、积雪）、车辆状况（平均车速、车距、车流量）和各种紧急事件（行人通过、动物出现等），由通讯单元通知给驾驶者，建议驾驶者做出及时、恰当的驾驶行为。在交通管理方面，利用车辆网收集、发布信息，让驾驶者掌握整个道路的交通状况信息，便于交管部门的管理，典型应用在交管部门交通流量的发布。同时智能化交通管理还包括电子收费系统（ETC），让车辆以正常速度通过路、桥收费站，降低拥堵概率。

6.2.2 车辆管理

车辆管理包括车辆配置与车辆信息管理两个方面。目前我国货运车联网产业发展迅猛，大举进入车联网领域的卡车生产企业有福田汽车，其成立了车联网产业联盟、陕汽集团发布"天行健"车联网服务系统、江淮汽车推出星锐 3D 智慧物流用车、宁波凯福莱推出物联网疫苗冷藏车智能救护车等，随着车联网技术的发展，未来的车辆均应配置以下功能：

（1）自动控制模块：自动驾驶；

（2）车辆状态感知模块：胎压、车速、车身系统、硬件配置是否工作正常；

（3）周围环境感知：交通信息、道路信息；

（4）驾驶员身体状态感知：疲劳度、注意力；

（5）无线通信模块：与路侧单元、周围车辆、控制中心通信；

（6）辅助驾驶模块：语音控制、导航控制、定位精确；

（7）娱乐信息模块：网络购物、聊天、上网、多媒体下载、电子商务等等；

（8）其他硬件配置：车辆身份证、数字仪表、自动空调、感应雨刷、灯光控制、电控座椅、智能玻璃（娱乐信息、导航等模块数据可以在前挡风玻璃上显示）；

（9）软件配置：智能交通控制系统、智能人车协同系统、自我学习。

车辆信息管理还在不断的探索之中，在未来，车联网将会是互联网的一部分，未来的车辆将能够同周围的其他车辆或环境共享信息和服务，如驾驶信息、生态驾驶信息、交通状况信息，以及周围的车辆和环境信息，其中最主要的是用户使用的管理信息，基于收集用户数据所带来一些新兴的服务，有腾讯路宝等第三方工具，主机厂也在开发自己的工具，可以实时监测用户使用车辆的习惯，推行定制化的服务。这些定制化的服务基本包括三个方面：

（1）维修保养相关，包括什么时候该维修，什么时候该保养，油是不是不够，系统应该会自动提示他未来附近有没有相应维修点，相应的维修点给他提供怎样的折扣和维修的方式；

（2）车辆安防相关，如果车被偷了，系统可以实时跟踪；

（3）支付相关，现在高速公路收费站一脚油就能过去的情况，可能在未来更多的领域都能实现。最简单的就是加油站，在车内有自动支付系统，只要在车内确认，就可以在加油站外面实现支付的功能。

（4）车联网所带动的新兴服务将是未来互联网服务不可分割的组成部分。来自环保、安全、经济、福利等方面的社会需求，必将导致利益相关者大力推动这些新兴服务的发展。车联网服务与未来互联网服务是互动的。

6.2.3 娱乐系统

车载信息娱乐系统（In-Vehicle Infotainment，IVI），是采用车载专用中央处理器，基于车身总线系统和互联网服务，形成的车载综合信息处理系统。IVI能够实现包括三维导航、实时路况、IPTV、辅助驾驶、故障检测、车辆信息、车身控制、移动办公、无线通讯、基于在线的娱乐功能及TSP服务等一系列应用，极大提升了车辆电子化、网络化和智能化水平。娱乐系统涉及衣食住行，包括社交、无线、移办公，在娱乐方面相信一定会受到众多消费者的追捧。通过车联网与互联网的互动，利用车内车载系统的一个应用程序，可以实现车载信息系统与手机等移动设备交联的功能，在未来，手机里所用APP都有可能会放在汽车里，通过汽车与手机互联，就能将手机中的智能导航、网络收音机、音乐、视频、游戏、即时资讯等海量应用一键同步至车机上，营造个性化的汽车娱乐系统环境，让车主轻松享受快乐"云"驾驭，比如通过语音、方向盘按键以及车载系统触控板等控制方式，实现对于手机中APP应用程序的操作使用，令驾驶者更加便利、舒适地在车内享受手机、平板等移动设备中的APP应用，目前，奥迪的MMI系统、福特的Applink、宝马的iDrive可以实现这种操作。在未来，手机并不会百分之百替代汽车的中控台，车辆自带车载系统所占比例还是比手机映射系统所占比例高一些，两者会有相应的不同细分市场。目前，带有车联网相关的汽车在全球只有 5% 左右，未来这个数据会达到 50%。

6.2.4 安全护航

车联网还可以保证驾驶员的健康和安全，现在最常见的比如疲劳驾驶提醒与事故的应急处理等。并且车联网在这一方面的应用会随着国家人口结构的不断变化而有增长的趋势。以美国为例，从一年的平均驾驶里程来看，65 岁以上的人口在美国比平均值增加了 29%。也就是说，这些中老年朋友的驾车时长和公里数更长。这里面有很多解释，有可能中老年朋友在郊区买一套房，或者因为他们不上班的情况下，他们有更多时间自由支配，去旅游也好，或者去周边购物也好等等。中国现在也放开了 70 岁驾照的限制，相信在未来，随着老龄社会的到来，中老年朋友驾车的使用频率也会相应增加。因而车联网的应用也应该注意这个细分市场。包括疲劳驾驶的提醒，包括可穿戴式设备的增长，比如可以监测人的心脏和脉搏动向，通过互联网云端服务器，发现驾驶人员的身体状况不是特别好，会进行紧急的处置，会拨打120，还会通知他们的家人，或者让汽车减速停在路边等等，当然也会结合车联网半自动驾驶技术。

除了针对驾驶员出现问题时而配置应急应变措施之外，当车辆发生重大交通事故，在车辆内安装智能信息终端，结合车上的智能系统，将急救呼叫信号以及事故车辆所在位置信息通过无线通信网络通知给路侧系统和云后台，以最快的速度通知最接近出事地点的紧急事故处理中心。同时也将事故消息直接通知周围车辆，方便周围车辆及时做出避险反应或者改道行驶。这是一个未来的方向，随着智能网联汽车的日渐普及，预计到 2025 年可能会受到众多人群和企业的关注。

6.2.5 自动驾驶

很多人在分析自动驾驶的时候，都会说可能中国路况和国外不太一样，包括行人和机动车行驶习惯还不是很规范。但是这里面有一个概念，对自动驾驶的界定，不一定是完全自动驾驶，也包含半自动驾驶。比如自动泊车系统，这个在十年前只有高级车里面才有，现在一些入门级的车都配备了这些功能，相信未来自动驾驶一定是一个趋势。自动驾驶在高速路上应用会比普通城市道路应用更多一些，比如卡车在长途行驶过程中，已经有一些半自动驾驶很成功的案例。到最近中国已经超过美国，成为全球第一大高速公路的国家，所以说在高速公路上半自动驾驶的技术，在未来一定会有很高的应用价值。随着车联网技术的融合和发展，未来不仅只在高速公路上实现半自动驾驶甚至全自动驾驶，在普通城市道路上也可实现半自动驾驶甚至是全自动驾驶。

6.2.6 家庭生活

在家庭互联里面有两个概念。第一是云能量，将来的电动汽车不光电池给自己供电，有可能会给周边的一些设施供电。第二是智能家居，智能电器未来都可以通过汽车来进行互联互通，通过汽车平台进行控制。这个数据相比其他几个方面可能少一些，只有几百万。但它与智能家庭发展是息息相关的，当可穿戴设备、智能家居、智能电器发展起来的时候，相信这个细分市场也一定会继续发展起来。而且专家学者预计，新能源汽车在这方面会起领先的作用。

在人们的日常生活中，车联网可以极大地提高人们的生活质量。车联网将可以实现任何人都可以开车，而且在"车联网"的保护下实现了零交通事故率，堪称绝对安全。通过"车联网"，汽车具备了高度智能的车载信息系统，并且可以与城市交通信息网络、智能电网以及社区信息网络全部连接，从而可以随时随地获得即时资讯，并且做出与交通出行有关的明智决定。上海世博会上汽集团——通用汽车馆展示了城市概念车 EN-V 车型，外形小巧时尚，将可以实现智能停泊，通过建筑外墙的轨道直接停在自家阳台上，或者进入高速火车的车厢中。由于每辆车都采用了自动驾驶技术，老人、孩子、盲人也可以开车穿行于城市中。智能的"车联网"，甚至可以帮助司机订票、寻找停车场，以及自己找到充电站完成充电。

6.2.7 节能减排

中国现阶段高度关注技术研究，能按照新的理念完善车联网通信技术的应用，并且已经将其纳入节能减排体系当中。应用车联网通信技术制定节能减排措施时，需掌握好能源的消耗数量，准确搜集汽车的各类信息，争取更好地提升空气质量，处理各类污染车辆时，采取多元化的策略。通过车联网，利用采集到的信息，建议车主及时响应，对车辆进行一系列辅助控制，减少不必要的操作。当前，驾驶者由于对交通未知预期和低效减速导致的燃油费浪费占比达到22%，合理驾驶可使汽车油耗降低15%。从车厂角度来看，应用自适应巡航、定速巡航等功能，可大幅降低油耗，特别适用于大排量车型。没有自适应巡航的汽车，也能通过感知获得周边车辆当下的行驶速度，以调整自己的行驶速度，选择合适的车道。总的来说，伴随车联网以及智能驾驶的普及，未来将更有利于减少对汽油的消耗进而降低对空气的污染。

6.3　车联网产业发展趋势

6.3.1 企业联盟渐成常态

未来，车联网车—路—云—网—图"一体化将是 5G 网络技术的主要应用场景，且 5G 网络的技术优势将是智能网联汽车实现规模化商用的重要支撑。面对车联网产业巨大的市场前景，无论是整车生产企业还是科技企业等，纷纷加大了布局力度，抢占市场先机。同时，为了增强企业市场竞争力，发挥差异化优势，业内不少企业已经展开了深入合作，结盟趋势越发凸显。

我国车联网联盟以提升车联网产业在国内外市场的整体竞争力为目标，以车联网业界企业为主体，充分发挥组织凝聚作用，架起企业与企业、企业与科研机构、企业与政府间沟通的桥梁，积极搭建全方位、高层次的车联网产业服务平台，促进企业之间资源共享和互惠互利，协调社会资源，提升产业竞争力；为成员服务，为产业服务，维护市场以及会员的合法权益和共同的经济利益，加快车联网应用技术的创新和标准化、产业化进程。通过产业链垂直整合和创新资源优化组合，做到无缝连接，融合应用，以业界智慧力量共同构建车联网生态圈，推动车联网产业繁荣快速发展。

据了解，大连车联网产业在 2021 年 1 月成立车联网联盟，成立之初就多达 40 家行业企业和高校参与其中，在一年时间内联盟企业增长到 64 家。联盟包含大量高科技公司，拥有雄厚的软件研发实力和链条式的车联网产业布局，是成立联盟的内在动力和支撑产业转型升级的强大优势。联盟中由大连理工大学汽车学院研发的车载传感器创新设计与融合感知技术、智能车辆类脑决策技术和新能源车先进控制器技术，处于国内领先水平，同时大连艾福亿维公司的发动机耐久性测试前沿技术更处于国际先进水平。

可见构建车联网联盟对各企业是有利无害的，预计未来几年我国车联网领域的合作之势将渐成常态。

6.3.2 商业部署不断加快

智能网联汽车产业日益受到各国政府的重视，并且已经逐步开启初步商业化进程，我国"十四五"规划中指出，要坚持智能与网联协同发展的战略规划。加强汽车、信息通信、交通等跨行业在技术路径、建设运营等方面的协同合作，深化"车—路—云—网—图"技术攻关，加快标准化基础设施建设部署，加快可持续、可复制应用场景推广与价值空间挖掘，筑牢通信安全、数据安全和网络安全基础底座，推进车联网产业迈入应用部署的新时期。

近年来，随着我国 5G 网络技术的发展不断加速，测试、试运营工作有序推进。因此，预计未来几年，随着我国智能网联汽车网联化水平的不断提高，我国车联网技术的商业部署也将不断加快，基于 5G 网络下的"车—路—云—网—图"一体化解决方案将逐步得到推广和应用。

6.3.3 人车交互迎来新生

对于车联网领域来说，人车交互问题依然是一个巨大的瓶颈，如今，以"触摸 + 语音"为核心的传统人车交互模式，几乎已经达到了车内用户的交互体验天花板。若想在保证驾驶安全的前提下实现更复杂的人车交互，"多模交互"势在必行。

多模交互是一种融合了视觉、语音等多感官的 AI 交互方式。驾驶员、乘客可以通过语音、手势等多种方式为车辆下指令，而车辆也具备智慧感知功能，可以更准确地判断用户意图。以音乐播放为例，传统的车载音乐播放模式是驾驶员通过按键、旋钮、触屏等介质，选择、控制音乐播放。在单模态下，用户可以使用语音操控音乐播放，而多模态加入后，车辆可以通过人脸、声纹识别的方式，识别发出指令的用户，并根据用户的个人喜好及环境场景提供定制化的歌单。此外，多模交互在很多实际应用场景都将对交互体验产生质的提升，如基于唇语和语音调节不同车窗，基于情绪识别进行智能主动抓拍，基于注意力检测提供语音提醒服务等等。

事实上，多模交互的意义远不止解放车内用户交互操作。通过感知、推荐、交互等环节，多模交互将赋予汽车生命和智慧，让汽车实现主动式的思考，持续优化车内服务和场景迭代。多模交互将使设备能够结合用户行为习惯从而更精准地判断用户意图，实现 AI 时代的立体智能推荐多模交互。

目前，业界普遍认为，在自动驾驶时代到来前，多模交互等智能驾驶功能，将成为自动驾驶过渡阶段的智能汽车标配模块。未来，汽车的 AI 感知能力仍将会不断演化，而如何借助人工智能让汽车更智能、让人机交互更自然，则将是车厂和相关技术企业的重要研究目标。

6.3.4 商用化场景更加丰富

随着车联网的"覆盖率"和"渗透率"不断提升。未来在商用车型（如出租车、公交车、物流重卡、矿卡、港口及机场车辆等）和部分乘用车型将全面部署 C-V2X 车载终端，逐步实现 V2V 业务场景。通过车联网技术将会很好解决商用车型的安全问题、效率问题、成本问题、舒适度问题等。除此之外，未来在特定商用场景，如特定出租车区域、城市公交车专用道、公交场站、高速公路路段、闸道、特定封闭园区、社区、矿山、港口、机场等场地将会全面引入 C-V2X 和 5G 蜂窝网络，以全面实现 V2I 业务场景。

附 录

常见术语缩写中英对照

ABS　Antilock brake system　防抱死制动系统

ACC　Adaptive Cruise Control　自适应巡航

ADAS　Advanced Driver Assistance System　高级驾驶辅助系统

AEB　Autonomous Emergency Braking　自动紧急制动系统

AFS　Adaptive Front-Linghting System　自适应大灯系统

AHS　Automated Highway System　智能型公路系统

AI　Artificial Intelligence　人工智能

AIL　Alcohol Interlock　酒精闭锁

APA　Automatic Parking Asistance　自动泊车

APS　Automated Parking System　自动泊车辅助

AR NAVI　Augmented Reality Navigation　增强现实导航

ASV　Advanced Safety Vehicle　先进安全车辆

BCM　Body control module　车身控制模块

BCW　Blind Collision Warning　盲点碰撞预警

BOX　Telematics BOX　远程信息处理器

BSA　Blind Spot Assist　倒车侧向辅助

BSB　Blind spot assist　倒车侧向制动

BSD　Blind Spot Detection　盲区监测

BSM　Blind Spot Monitoring　并线辅助（并线盲区辅助）

C-V2X　cellular vehicle-to-everything　基于蜂窝网络的车联网通信技术

CP　Content Provider　内容提供商

CTM　Cross Traffic Monitor　后视动态提醒系统

CV2X   Cellular V2X，以蜂窝通信技术为基础的 V2X

DAW   Driver Attention Warning   驾驶员注意力警示系统

DMC   Driver Monitoring Controler

DMS   Driver Monitoring System   驾驶员状态监测

DOW   Door Open Warning   开门警告

DSRC   Dedicated Short Range Communication   专用短程通信

DTC   Diagnostic Trouble Code   诊断故障代码

ECN   Edge Computing Node   边缘计算节点

ECU   Electronic Control Unit   电子控制单元微控制单元

EPB   Electrical Parking Brake   电子驻车

EPS   Electronic Power Steering   电动转向

ESA   Emergency Steering Assist   紧急转向辅助

ESC   Electronic Stability Controller   车身稳定控制

ESP   Electronic Stability Program   车身稳定控制

FCA   Forward Collision-Avoidance Assist   前方防碰撞辅助系统

FCTA   Front Cross Traffic Alerting   前方交通穿行提示

FCW   Front Collision Warning   碰撞安全辅助

FCWS   Forward Collision Warning System   前车防撞预警系统

FPAS   FRONT PARKING SENSOR   前方驻车雷达

FVSA   Front Vehicle Start Alarm   前车离开提醒

GFHB   Glare Free High Beam   矩阵大灯辅助

HBA   High Beam Assist   远近光灯辅助系统

HMA   High Beam Assist   智能远光灯辅助

HMI   Human Machine Interface   人机界面

HMW   Headway Monitoring Warning   安全车距预警

HWA   Highway Assist   高速公路驾驶辅助

HWC   Highway Chauffeur   高速公路副驾驶

HWP   Highway Pilot   高速公路自动驾驶

HUD   Head Up Display   抬头显示系统

HUT   Head Unit   终端信息展现单元

HVAC   Heating Ventilation and Air Conditioning   供暖通风与空气调节

ICA   Integrated Cruise Assist   集成式巡航辅助

IHC   Intelligent Headlight Control   远光自动控制

IMU   Inertial Measurement Unit   惯性传感组合

ISA   Intelligent Speed Adaptation   智能车速控制

ISLC   Intelligent Speed Limiting Control   智能限速

ISS   Intelligent Start/Stop   智能启停

ITS   Intelligent-Transportation-System   智能交通系统

IVI   In-Vehicle Infotainment   车载信息娱乐系统

LCA Lane Changing Assist   变道辅助

LCC   Lane Centering Control   车道居中控制

LCV   Lane Change View   变道影像

LDW   Lane Departure Warning   车道偏离预警

LDWS   Lane Departure Warning System   车道偏离预警系统

LKA   Lane Keeping Assist   车道保持辅助

LKAS   Lanechange Dssistance   车道保持系统

MCU   Microcontroller Unit   单片微型计算机

MEC   Multi-access Edge Computing   多接入边缘计算

MLDS   Multilane detection System   多车道检测系统

NVS   Night Vision System   夜视系统

OBD   On-Board Diagnostics   车载自诊断系统

OBU   On board Unit   车载单元

OS   Operating System   操作系统

PAS   parking assist system   倒车雷达系统，也叫驻车辅助系统

PCW   Pedestrian Collision Warning   行人安全辅助

PDS   Pedestrian Detection System   行人检测系统

PED   Pedestrian Detection   行人检测

PKI   Public Key Infrastructure   公钥基础设施

RAEB   Rear Autonomous Emergency Braking   后向自动紧急制动

RCTA   Rear Cross Traffic Alerting   后方横向交通警告

RCW Rear Collision Warning   后碰警告

RPC   Rear Parking Camera   倒车后视

RPM   Revolutions Per Minute   转速

RPP   Remote Parking Pilo   遥控泊车

RPU　Rear Parking Ultrasonic　倒车雷达

RSE　Rear Seat Entertainment system　后排座椅娱乐系统 rvc

RSR　Road Sign Recognition　交通信号及标志牌识别

RSU　Road Side Unit　路侧单元

SCM　Single Chip Microcomputer　单片机

SLIF　Speed Limit Information Function　速度限制提醒

SP　Service Provider　服务提供商

SPA　Semi-automatic Parking Assist　半自动泊车

SVC　Surround View Cameras　全景泊车停车辅助系统

SVM　Surround View Monitor　全景影像系统

SVS　Surround View System　全景影像

TJA　Traffic Jam Assist　交通拥堵辅助

TJC　Traffic Jam Chauffeur　拥堵辅助副驾驶

TJP　Traffic Jam Pilot　拥堵自动驾驶

TLR　Traffic Light Recognition　交通信号灯识别系统

TSR　Traffic sign recognition　交通标志信息（包含超速报警/超速报警灵敏度）

UFCW　urban forward collision warning　低速防碰撞预警

USP　Urban and Suburban Pilot　城郊市区自动驾驶

V2I　Vehicle to Infrastructure　汽车—基础设施

V2V　Vehicle to Vehicle　车车网不同车辆间的信息互通

V2X　Vehicle to Everything　车与外界信息交换

VPP　Valet Parking Pilot　代客泊车

参考文献

［1］肖瑶，刘会衡，程晓红.车联网关键技术及其发展趋势与挑战［J］.通信技术,2021,54(01):1-8.

［2］宋义伟.浅谈我国车联网的发展现状及未来挑战［J］.科技风,2019,(12):215.

［3］唐琳琳，邢敏，徐群杰.浅谈我国车联网的发展现状及未来挑战［J］.内燃机与配件,2018,(23):167-168.

［4］张靖雯.车联网面临的技术挑战与发展机遇［J］.智富时代,2018,(10):45.

［5］朱文平；贾斌.车联网发展现状及未来展望［J］.电子技术与软件工程,2018,(10):16.

［6］武文科.车联网技术发展与应用综述［J］.汽车实用技术,2017,(03):88-91.

［7］钱志鸿，田春生，郭银景，王雪.智能网联交通系统的关键技术与发展［J］.电子与信息学报,2020,42(01):2-19.

［8］张洲.智能网联交通系统的关键技术及其发展［J］.数字通信世界,2020(10):90-91.

［9］冉斌，谭华春，张健，曲栩.智能网联交通技术发展现状及趋势［J］.汽车安全与节能学报,2018,9(02):119-130.

［10］白宇.车联网七种细分应用的现在与未来[J].时代汽车,2015,(07):46-49.

［11］苏静，王冬，张菲菲.车联网技术应用综述［J］.物联网技术,2014,4(06):69-72.

［12］李志晗，刘廷让，郭忠毅.车联网技术与应用文献综述［J］.科技展望,2015,25(12):100.

［13］武文科.车联网技术发展与应用综述[J].汽车实用技术,2017,(03):88-91.

［14］蔺宏良，黄晓鹏.车联网技术研究综述［J］.机电工程,2014,31(09):1235-1238.

［15］肖瑶，刘会衡，程晓红.车联网关键技术及其发展趋势与挑战 [J].通信技术，2021,54(01):1-8.

［16］王雪柠，翟媛，朱松.我国车联网行业发展环境及趋势影响分析 [J].汽车工业研究，2021(02):2-7.

［17］侯德藻.汽车纵向主动避撞系统的研究 [D].北京：清华大学，2004.

［18］周宏仁.机动目标当前统计模型与自适应跟踪算法 [J].航空学报，1983, 4(1): 73-86.

［19］Zhou Hongreng.Tracking of manueuvering targets[D].Minneapolis:University of Minnesota,1984.

［20］Zheng Y, Li S E, Wang J, et al.Stability and Scalability of Homogeneous Vehicular Platoon: Study on the Influence of Information Flow Topologies[J].IEEE ransactions on Intelligent Transportation Systems, 2015, 17(1):14-26.

［21］景首才.基于车路协同的车辆追尾预警系统的研究与实现 [D].长安大学，2016.

［22］Xuehai Xiang,Wenhu Qin, Binfu Xiang. Research on a DSRC-Based Rear-End Collision Warning Model[J].IEEE Transactions On Intelligent Transportation Systems,2014,15(3):1054-1065.

［23］张丽丽，王玉惠，孔繁峨等.基于 UKF 的战术数据链通信延时与补偿算法 [J].吉林大学学报 (信息科学版), 2012, 30(6):561-568.

［24］WALRAND J, TURNER M, MYERS R. An Architecture for In-Vehicle Networks[J]. IEEE Transactions on Vehicular Technology, 2021, 70(7): 6335-6342.

［25］李克强，戴一凡，李升波，边明远.智能网联汽车 (ICV) 技术的发展现状及趋势 [J].汽车安全与节能学报，2017,8(01):1-14.

［26］陈山枝，胡金玲，时岩，赵丽.LTE-V2X 车联网技术、标准与应用 [J].电信科学，2018,34(04):1-11.

［27］肖瑶，刘会衡，程晓红.车联网关键技术及其发展趋势与挑战 [J].通信技术，2021, 54(01):1-8.

［28］Shi Y, Han Q, Shen W, et al. A Multi-Layer Collaboration Framework for Industrial Parks with 5G Vehicle-to-Everything Networks[J]. Engineering, 2021, 7(6): 818-831.

［29］王玉海，李兴坤，张鹏雷，郑旭光.基于 ADAS 地图的载货

车预见巡航实时优化算法 [J]. 汽车工程 ,2020,42(10):1335-1339+1411.
DOI:10.19562/j.chinasae.qcgc.2020.10.006.

［30］白中浩 , 李智强 , 蒋彬辉 , 王鹏辉 . 基于改进 YOLOv2 模型的驾驶
辅助系统实时行人检测 [J]. 汽车工程 ,2019,41(12):1416-1423.DOI:10.19562/
j.chinasae.qcgc.2019.012.010.

［31］丁萌 , 姜欣言 . 先进驾驶辅助系统中基于单目视觉的场景深度估
计方法 [J]. 光学学报 , 2020, 40(17):137-145.

［32］Yue L, Abdel-Aty M A, Wu Y, et al. The practical effectiveness
of advanced driver assistance systems at different roadway facilities:
System limitation, adoption, and usage[J]. IEEE Transactions on Intelligent
Transportation Systems, 2019, 21(9): 3859-3870.

［33］高振刚 , 陈无畏 , 谈东奎 , 赵林峰 , 汪洪波 . 考虑驾驶员操纵失误
的车道偏离辅助人机协同控制 [J]. 机械工程学报 ,2019,55(16):91-103.

［34］Clanton J M, Bevly D M, Hodel A S. A low-cost solution for an
integrated multisensor lane departure warning system[J]. IEEE Transactions on
Intelligent Transportation Systems, 2009, 10(1): 47-59.

［35］Liu Y, Ma J, Wang Y, et al. A novel algorithm for detecting
pedestrians on rainy image[J]. Sensors, 2020, 21(1): 112.

［36］郭慧利 , 王恁 , 郭浩 . 基于面部多特征的疲劳驾驶预警系统的研
究 [J]. 通信学报 , 2018, 39(S1):22-29.

［37］Koesdwiady A, Soua R, Karray F, et al. Recent trends in driver
safety monitoring systems: State of the art and challenges[J]. IEEE transactions
on vehicular technology, 2016, 66(6): 4550-4563.

［38］宫文峰 , 王元哲 , 陈辉 ,WANG Danwei. 基于深度学习的无人驾驶
汽车导航传感器异常诊断方法 [J]. 机械工程学报 ,2021,57(24):268-278.

［39］胡宇辉 , 王旭 , 胡家铭 , 龚建伟 , 王克 , 李桂鹏 , 梅程 . 越野环
境下无人驾驶车辆技术研究综述 [J]. 北京理工大学学报 ,2021,41(11):1137-
1144.DOI:10.15918/j.tbit1001-0645.2020.144.

［40］吕品 , 李凯 , 许嘉 , 李陶深 , 陈宁江 . 无人驾驶汽车协同感知信息
传输负载优化技术 [J]. 计算机学报 ,2021,44(10):1984-1997.

［41］李长乐 , 张云锋 , 张尧 , 毛国强 , 贾存兴 . 面向自动协同驾驶的多
车编队任务分配策略 [J]. 电子与信息学报 ,2020,42(01):65-73.

［42］Taylor A H, Droege M J, Shaver G M, et al. Capturing the impact of speed, grade, and traffic on class 8 truck platooning[J]. IEEE Transactions on Vehicular Technology, 2020, 69(10): 10506–10518.

［43］Ozkan M F, Ma Y. Distributed Stochastic Model Predictive Control for Human-Leading Heavy-Duty Truck Platoon[J]. IEEE Transactions on Intelligent Transportation Systems, 2022.

［44］Xiao G, Zhang H, Sun N, et al. Cooperative link scheduling for RSU-assisted dissemination of basic safety messages[J]. Wireless Networks, 2021, 27(2): 1335–1351.

［45］Xiao G, Zhang H, Hassan H, et al. A cooperative offloading game on data recovery for reliable broadcast in VANET[J]. Concurrency and Computation: Practice and Experience, 2017, 29(14): e3938.

［46］王晓，要婷婷，韩双双，曹东璞，王飞跃. 平行车联网：基于 ACP 的智能车辆网联管理与控制 [J]. 自动化学报,2018,44(08):1391–1404. DOI:10.16383/j.aas.2018.c170463.

［47］边辰通，殷国栋，徐利伟，张宁，朱侗. 无人驾驶汽车编队雾天主动拯救系统 [J]. 汽车工程, 2020,42(01):20–26.DOI:10.19562/j.chinasae. qcgc.2020.01.003.

［48］吕成绪，张为公，李旭. 基于 VAPID 的道路清障车扶正控制研究 [J]. 中国机械工程, 2013, 24(10):1399–1403.

［49］Wang Y, Ma J, Liu Y, et al. Optimal exit choice during highway tunnel evacuations based on the fire locations[J]. PlOS one, 2021, 16(8): e0256523.

［50］肖瑶，刘会衡，程晓红. 车联网关键技术及其发展趋势与挑战 [J]. 通信技术, 2021,54(01):1–8.

Shi Y, Han Q, Shen W, et al. A Multi-Layer Collaboration Framework for Industrial Parks with 5G Vehicle-to-Everything Networks[J]. Engineering, 2021, 7(6): 818–831.

［51］安鑫，蔡伯根，上官伟. 车路协同路侧感知融合方法的研究 [J]. 测控技术,2022,41(02):1–12+35.DOI:10.19708/j.ckjs.2022.02.001.

［52］吴昊，王浩，苏醒，李明昊，许封元，仲盛. 自动驾驶系统中视觉感知模块的安全测试 [J]. 计算机研究与发展,2022,59(05):1133–1147.

［53］谯小康，屈小媚. 基于车辆与车辆的车联网分布式协同感知定位 [J]. 控制理论与应用,2021,38(07):988–996.

［54］段续庭，田大新，王云鹏．基于 V2X 通信网络的车辆协同定位增强方法 [J]. 汽车工程 ,2018,40(08):947–951+959.DOI:10.19562/j.chinasae.qcgc.2018.08.012.

［55］徐丽媛，何杰，王然，王沁．不依赖于精确初始坐标的车联网相对定位坐标估计算法 [J]. 计算机学报 ,2017,40(07):1583–1599.

［56］Kirsch F, Miesen R, Vossiek M. Precise local–positioning for autonomous situation awareness in the Internet of Things[C]//2014 IEEE MTT–S International Microwave Symposium (IMS2014). IEEE, 2014: 1–4.

［57］郭彬，赵燕．车联网环境中基于 RFID 的车辆定位方法 [J]. 公路交通科技 ,2016,33(12):140–144+158.

［58］刘凌．基于 RFID 和车联网的智能停车管理系统的研究与设计 [D]. 广西大学 ,2020.DOI:10.27034/d.cnki.ggxiu.2020.001033.

［59］Lee E K, Oh S Y, Gerla M. RFID assisted vehicle positioning in VANETs[J]. Pervasive and Mobile Computing, 2012, 8(2): 167–179.

［60］王鹏宇，赵世杰，马天飞，熊晓勇，程馨．基于联合概率数据关联的车用多传感器目标跟踪融合算法 [J]. 吉林大学学报 (工学版),2019,49(05):1420–1427.DOI:10.13229/j.cnki.jdxbgxb20180673.

［61］郑伟杰．车用永磁同步电机无位置传感器技术研究 [D]. 西安工业大学 ,2021.DOI:10.27391/d.cnki.gxagu.2021.000028.

［62］Xiao G, Sun N, Lv L, et al. An HEED–based study of cell–clustered algorithm in wireless sensor network for energy efficiency[J]. Wireless Personal Communications, 2015, 81(1): 373–386.

［63］Xiao G, Zhang H, Sun N, et al. Cooperative link scheduling for RSU–assisted dissemination of basic safety messages[J]. Wireless Networks, 2021, 27(2): 1335–1351.

［64］王海，李洋，蔡英凤，孙恺，陈龙．基于激光雷达的 3D 实时车辆跟踪 [J]. 汽车工程 ,2021,43(07):1013–1021.DOI:10.19562/j.chinasae.qcgc.2021.07.008.

［65］马小龙，余强，刘建蓓．基于路侧毫米波雷达的车辆碰撞概率计算方法 [J]. 交通运输系统工程与信息 ,2022,22(01):57–66.DOI:10.16097/j.cnki.1009–6744.2022.01.007.

［66］Song S, Wu J, Zhang S, et al. Research on Target Tracking Algorithm Using Millimeter–Wave Radar on Curved Road[J]. Mathematical

Problems in Engineering, 2020, 2020.

［67］代金坤,罗玉涛,梁伟强.无人车行驶环境图像的几何测距 [J]. 汽 车 工 程 ,2020,42(08):1034-1039+1049.DOI:10.19562/j.chinasae.qcgc.2020.08.006.

［68］宇文旋,赵明明,陈龙.无人车鱼眼双目深度提取研究 [J]. 中国机械工程 ,2019,30(13):1577-1584.

［69］肖汉彪,胡钊政,周哲,伍锦祥.基于双目逆投影的停车位占位快速检测方法 [J]. 汽车工程 ,2021,43(05):650-656.DOI:10.19562/j.chinasae.qcgc.2021.05.002.

［70］Liu Y, Ma J, Wang Y, et al. A novel algorithm for detecting pedestrians on rainy image[J]. Sensors, 2020, 21(1): 112.

［71］Fang S, Ma J. Experimental analysis of driver visual characteristics in urban tunnels[J]. Applied Sciences, 2021, 11(9): 4274.

［72］A. M. Vegni and V. Loscr í , "A Survey on Vehicular Social Networks," in IEEE Communications Surveys & Tutorials, vol. 17, no. 4, pp. 2397-2419, Fourthquarter 2015, doi: 10.1109/COMST.2015.2453481；

［73］K. M. Alam, M. Saini and A. E. Saddik, "Toward Social Internet of Vehicles: Concept, Architecture, and Applications," in IEEE Access, vol. 3, pp. 343-357, 2015, doi: 10.1109/ACCESS.2015.2416657；

［74］https://www.onsemi.cn/solutions/automotive/adas

［75］https://baike.baidu.com/item/%E8%BD%A6%E9%81%93%E5%81%8F%E7%A6%BB%E9%A2%84%E8%AD%A6%E7%B3%BB%E7%BB%9F/258165?fr=aladdin

［76］https://baike.baidu.com/item/%E7%96%B2%E5%8A%B3%E9%A9%BE%E9%A9%B6%E9%A2%84%E8%AD%A6%E7%B3%BB%E7%BB%9F/8040822?fr=aladdin

［77］https://baijiahao.baidu.com/s?id=17047666866966701207&wfr=spider&for=pc

［78］https://orangey.blog.csdn.net/article/details/119461914?spm=1001.2101.3001.6661.1&utm_medium=distribute.pc_relevant_t0.none-task-blog-2%7Edefault%7ECTRLIST%7EPayColumn-1.pc_relevant_default&depth_1-utm_source=distribute.pc_relevant_t0.none-task-blog-2%7Edefault%7ECTRLIST%7EPayColumn-1.pc_relevant_default&utm_relevant_index=1

［79］https://baijiahao.baidu.com/s?id=1710952283909764134&wfr=spider&for=pc

［80］刘英杰 . 车联网中数据传输安全的关键技术研究 [D]. 东南大学 ,2019.DOI:10.27014/d.cnki.gdnau.2019.002852.

［81］周克勤 , 罗瑞林 , 云利军 , 王坤 . 车载信息安全网关的设计与实现 [J]. 云南师范大学学报 (自然科学版),2021,41(05):22-27.

［82］陈静相 , 张雷 , 李林峰 . 智能网联汽车车载集成安全网关 [J]. 信息技术与标准化 ,2018(09):49-52+62.

［83］王建 , 陈晓光 , 朱研 , 任翔 . 基于车载以太网的智能网联汽车网信安全防护技术研究 [J]. 智能网联汽车 ,2020(01):92-95.

［84］张鸥 . 智能网联汽车安全网关技术的研究与实现 [D]. 电子科技大学 ,2018.

［85］唐良 , 李逸瀚 , 石春 , 秦琳琳 , 吴刚 . 电动汽车信息安全网关的设计与实现 [J]. 计算机应用与软件 ,2017,34(03):277-283.

［86］李逸瀚 . 电动汽车信息安全网关研制与 wolfSSL 协议研究 [D]. 中国科学技术大学 ,2017.

［87］Fang S, Ma J. Experimental analysis of driver visual characteristics in urban tunnels[J]. Applied Sciences, 2021, 11(9): 4274.

［88］何宗键 , 曹建农 , 郑俊浩 . 车联社交网络：机遇、挑战和应用 .《中兴通讯技术》2014 年第 01 期

［89］ZENG W, KHALID M A S, CHOWDHURY S. In-Vehicle Networks Outlook: Achievements and Challenges[J]. IEEE Communications Surveys & Tutorials, 2016, 18(3): 1552-1571.

［90］南京理工大学 . 自动驾驶 / 车联网专利导航预警分析报告 .2021.11.